KRÄUTER

Ich widme dieses Buch meiner Frau Mhairi. Ich scheine immer dann große Projekte in Angriff zu nehmen, wenn unsere Familie Zuwachs bekommt. Als unser erstes Baby, Cameron, geboren wurde, war ich gerade dabei, eine wissenschaftliche Arbeit für die Universität zu beenden, und als wir unser zweites Baby erwarteten, beschloß ich, dieses Buch zu schreiben. Mhairi, ohne Deine Unterstützung und Dein Verständnis wäre keines der beiden Projekte möglich gewesen.

Danksagung

Besonderen Dank schulde ich: Sue Wallander von Enzymatic Therapy (USA), Melanie Cook von Enzymatic Therapy (GB), Jen und Janyn Tan von Bioforce (GB), Pamela Cranston, Jan de Vries und Kathy Steer von Quintet Publishing.

Mein spezieller Dank gilt außerdem Terry Griffiths für seine Einleitung für Quintet Publishing und meiner Frau Mhairi, die das fertige Manuskript so sorgsam durchgelesen und meine schreckliche Orthographie korrigiert hat!

KRÄUTER

Das Handbuch für Genießer

Marcus A. Webb

evergreen

EVERGREEN is an imprint of Benedikt Taschen Verlag

Hohenzollernring 53, D–50672 Köln
The Herbal Companion. The Essential Guide to Using Herbs for your Health and Well-Being

Übersetzung aus dem Englischen
(für GAIA Text, München):
Natascha Afanassjew, München
Redaktion und Satz der deutschen Ausgabe:
GAIA Text, München
Umschlaggestaltung: Angelika Taschen, Köln

Printed in China
ISBN 3-8228-7127-3

Der Verlag dankt folgenden Firmen für die Bereitstellung von Fotos und die Erteilung der Reproduktionsgenehmigung:
A-Z Botanical Collection: S. 11, 32, 50, 51, 52, 56, 57, 64, 65, 67, 75, 77, 78, 79, 82, 84, 86, 87, 89, 91, 94, 95, 97, 98, 99, 101, 103, 106, 107, 112, 115, 117, 122, 123, 124, 127, 128, 129, 136, 145, 146, 150, 154
Garden Matters: S. 9, 15, 16, 49, 85, 55, 71, 80, 88, 96, 108, 120, 121, 135, 143, 148, 155

INHALT

VORWORT

Mit größtem Vergnügen schreibe ich das Vorwort zu diesem Buch.

Ich kenne Marcus seit vielen Jahren, und es hat mich stets beeindruckt, mit welch großem Einsatz er die verschiedensten Zweige der Medizin studiert hat. Er hat sich nicht nur Kenntnisse in der Schulmedizin angeeignet, sondern auch in allen alternativen Bereichen der Medizin.

Die Schulmedizin, die ich vor vielen Jahren selbst studierte, hat Wunderbares geleistet, und ich betrachte ihre wissenschaftliche Entwicklung mit größtem Respekt. Dennoch ist es in unserer heutigen Gesellschaft sehr wichtig, die drei Energiequellen im Gedächtnis zu behalten, die unser Leben möglich machen – die Nahrung, die wir essen, das Wasser, das wir trinken, und die Luft, die wir atmen. So können Brücken entstehen zwischen der Schulmedizin und der alternativen Medizin – für ein sich ergänzendes System. Immerhin ist genau dieses Ziel beiden Disziplin ein großes Anliegen. Die Schulmedizin ist das Resultat einer technischen Revolution und noch nicht sehr alt. Die alternative Medizin gibt es hingegen schon so lange wir uns erinnern können. Es ist ein ermutigender Gedanke, daß in der Natur, einem ausgewogenen System, Pflanzen existieren, die eine bessere Wirkung besitzen als hochverfeinerte Medikamente. Darum sind Bücher wie dieses so wichtig, die uns über jene Heilmittel aufklären, die ohne Nebenwirkungen eingenommen werden können. Marcus hat viel dafür getan, dies zu erforschen. Er hat sich intensiv mit allem auseinandergesetzt, was seine Patienten betrifft. Aus diesem Grund ist er so erfolgreich – bei seinen Vorträgen und als Praktiker. Er bekommt Rückmeldung von seinen Patienten und er kann das erworbene Wissen teilen, um Menschen zu einer besseren Gesundheit zu verhelfen.

Ein glücklicher Zufall führte Marcus und mich vor Jahren zusammen und ließ uns über gemeinsame Interessen sprechen. Er war sehr an meinen Kenntnissen interessiert, die ich von meinem früheren Partner, Alfred Vogel, N.D., dem möglicherweise weltweit bekanntesten Kräuterexperten und Lehrer der alternativen Medizin, erworben hatte. Vogel hatte mich gelehrt, wie man Kräuter und Heilpflanzen sammelt, welche Methoden angewandt werden müssen und wie man die medizinisch wirksamen Inhaltstoffe extrahiert, und ich war froh, meine Begeisterung für die ausgewogenen Kräfte der Natur mit Marcus teilen zu können.

Marcus Webb bringt uns in diesem Buch die Natur und die Kenntnis der Kräutermedizin ein wenig näher. Dabei hilft er uns nicht nur, sie besser zu verstehen, sondern er regt auch die Weiterentwicklung dieser medizinischen Wissenschaft an, die eine Zeitlang in Vergessenheit geraten war, doch nun für die Bekämpfung von Krankheiten wiederentdeckt wird. Ich bin davon überzeugt, daß dieses Buch auf vielen Regalen seinen Platz als Zeugnis dieser Form natürlicher Medizin finden wird.

Jan de Vries, D.ho.med., N.D., M.R.N., D.O., M.R.O., D.Ac., M.B.Ac.A.

Auchenkyle Natural Medicine Clinic
Troon, Schottland
1997

EINLEITUNG

KRÄUTER EIGNEN SICH nicht nur als hübsche Garnitur für ein fertiges Gericht, sondern fördern auch unsere Gesundheit. Daß die Verwendung traditioneller Kräuterarzneien stetig zunimmt, beweisen zum Beispiel die Verkaufszahlen der USA aus dem Jahr 1994 von 1,6 Billionen Dollar. Dieser hohe Verbrauch läßt auf die positiven Wirkungen von Kräutern schließen.

Die 1995 vom Weltgesundheitsverband veröffentlichten Zahlen belegen, daß über 80 Prozent der Weltbevölkerung bevorzugt Kräuterarzneien verwenden. Wenn man bedenkt, daß es sich bei diesen Naturheilverfahren um traditionelle Heilkunst handelt, ist die hohe Prozentzahl kaum eine Überraschung.

In der »zivilisierten« Welt hat sich das Interesse an Kräuterextrakten verstärkt, die Menschen suchen nach unbedenklichen Mitteln gegen leichtere Erkrankungen und für ein allgemeines Wohlbefinden, und auch die Wissenschaft wendet sich neuen Wirkstoffen zu. Die potentielle Entdeckung eines pflanzlichen Anti-Krebsmittels ist verführerisch und sehr gewinnbringend. Doch isoliert man die natürlichen Wirkstoffe, geht das Konzept der Kräuterheilkunde verloren, das stets die ganze Pflanze miteinbezieht, sich sowohl die Wirkstoffe als auch andere wesentliche Faktoren des Heilkrauts zunutze macht. Ein Extrakt aus der ganzen Pflanze ist zwar wirkungsvoll, wird aber durch verschiedene Kofaktoren abgeschwächt. Schließt man diese aus, entsteht eine reine »Droge« mit unangenehmen Nebenwirkungen.

Dieses Handbuch möchte Sie mit allen Aspekten der Kräuterkunde vertraut machen – vom Anbau bis zur medizinischen Verwendung. Die einzelnen Beschreibungen sind knapp, aber präzise und leicht verständlich. Im Kräuterverzeichnis finden Sie die einzelnen Kräuter nach dem botanischen Namen alphabetisch geordnet. Eine Liste mit den umgangssprachlichen Namen (S. 46–47) ermöglicht ein schnelles Nachschlagen.

WICHTIGER HINWEIS:
Ehe Sie eine Behandlung mit selbst zusammengestellten Kräutern in Betracht ziehen, sollten Sie einen Spezialisten aufsuchen. Die medizinische Verwendung von Kräutern ist nur dann erfolgreich und sicher, wenn diese richtig angewandt werden. Alle Informationen in unserem Handbuch wurden mit größter Sorgfalt zusammengestellt, dennoch können die enthaltenen Hinweise die Anleitungen durch Experten nicht ersetzen.

TRADITION UND GESCHICHTE

Am Anfang

Die Verwendung von Kräutern zur Förderung der Gesundheit läßt sich bis zu Hippokrates (etwa 460–370 v. Chr.) zurückverfolgen. Dieser stellte eine *materia medica* aus über 400 Heilkräutern zusammen – ein Buch über Kräuter und ihre Anwendungsmöglichkeiten –, und seine Arbeiten sollten anderen bald als Grundlage dienen: So verfaßte der griechische Philosoph Aristoteles (etwa 372–287 v. Chr.) ein monumentales, zehnbändiges Kompendium mit dem Titel *Die Geschichte der Pflanzen*, das ihn zu einem der bedeutendsten Wegbereiter der Botanik machte.

Im Lauf der Geschichte waren Heilkräuter für die Menschen stets von großer Bedeutung, so daß etwa die Ägypter ihre Verwendungen auf Steintafeln und in Wandmalereien verewigten. Die ersten Kräutergärten entstanden im 8. Jahrhundert.

Der Garten eines Apothekers mit verschiedenen Heilpflanzen und Blumen

Mönche bauten Heilkräuter zur Behandlung von Erkrankungen und Verletzungen an. Nach mittelalterlicher Auffassung entstanden Krankheiten durch ein Ungleichgewicht der im Blut enthaltenen vier Säfte der vier Temperamente (Phlegma,schwarze und gelbe Galle sowie Blut), und eine beliebte Behandlungsmethode jener Zeit war der Aderlaß. Man glaubte, durch diese Prozedur würden überschüssige Säfte abfließen. Um den Ausbruch von Seuchen zu vermeiden, wurden darum alle Mönche, die in Klöstern lebten, vierteljährlich »präventiv« zur Ader gelassen. Als unterstützende Maßnahme verabreichte man regelmäßig Kräuter. Vom Lavendel hieß es, er helfe bei »Schmerzen im Kopf«, Veilchen wurden bei Lungenleiden eingenommen und Poleiminze linderte Zahnschmerzen. Ärzte gab es keine in den Klöstern, statt dessen lernten die Mönche voneinander die Behandlungsmethoden und Darreichungsformen von Kräutern. Das Wissen, das man von Generation zu Generation weitergab, sicherte den Erfolg von Kräuterarzneien und verlangte einen gut bestückten Kräutergarten.

Der englische Kräuterexperte und Arzt John Gerard schrieb das erste illustrierte Buch über Kräuterarzneien. Seine Geschichte der Kräuter und Pflanzen, *The Herball or Generall Historie of Plantes* wurde 1597 veröffentlicht und bot detaillierte Beschreibungen der einzelnen Pflanzen.

Leider brachte ausgerechnet einer der bekanntesten Verfechter der Kräuterheilkunde, Nicholas Culpeper, die Anwendung von Kräuterarzneien schwer in Verruf. Culpeper war sowohl Astrologe als auch Arzt und klassifizierte die Kräuter nach dem Einfluß der Sterne. Die Ärzteschaft seiner Zeit mied ihn, denn in seinen Lehren vermischten sich Magie und Zauberei mit der traditionellen und anerkannten Kräuterheilkunde. Dennoch wurden die Heilkräfte der Pflanzen von der Medizin ernst genommen. Man gewann derart konzentrierte Extrakte, daß bereits wenige Milligramm eine dramatische Wirkung auf den Körper hatten.

Der Stand der heutigen Schulmedizin hat nur noch wenig gemein mit den Schriften des Hippokrates, obwohl sich die Ärzteschaft immer noch auf seine Lehren beruft und einen Eid auf seinen Namen leistet.

Wichtige Einflüsse auf die Kräuterheilkunde

Im 1. Jahrhundert n. Chr. begann der römische Arzt Galen mit der Klassifizierung von Kräuterarzneien, die sich auf die Lehren des Hippokrates stützte, und entwickelte seine eigene Einteilung der Anwendungsgebiete von Kräutern.

Dieser erste Versuch, die Heilkunde zu systematisieren, schuf eine Grundlage zur Orientierung und Lehre anderer und führte zu einer deutlichen Unterscheidung zwischen den Ärzten und den traditionellen Heilern.

So sehr diese Systematisierung auch der Etablierung von Kräuterarzneien half, eine weitere unabhängige Entwicklung wurde dadurch nicht begünstigt, und die Lehren Galens blieben für etwa 1500 Jahre in Europa unangefochten. Es heißt, Galen habe vor allem zur Lähmung der Kräuterheilkunde beigetragen, da seine theoretische Einteilung den Ärzten ermöglichte, Kräuter zu verschreiben, ohne den Zustand des Patienten gewissenhaft in Betracht zu ziehen. Zu Zeiten des traditionellen Kräuterdoktors wäre dies undenkbar gewesen, denn er pflegte jeden Patienten individuell zu behandeln. Im Grunde standen die Lehren Galens in direktem Widerspruch zum Glauben des Kräuterdoktors an die *vis medicatrix naturae*, die heilenden Kräfte der Natur.

Im 16. Jahrhundert stellte Paracelsus die Theorien Galens mit seiner *Signaturenlehre* in Frage. Er behauptete, daß die äußere Erscheinungsform einer Heilpflanze darüber Aufschluß gibt, welcher Teil des Körpers damit behandelt werden sollte. Paracelsus beschrieb Krankheit als eine äußere Erscheinung (Syphilis und Pest waren damals weitverbreitet), die nach einer inneren Anwendung von Kräutern verlangte.

*Orangenwurzel (*Hydrastis canadensis*) stammt ursprünglich aus Nordamerika und wurde zu einem beliebten Mittel gegen Verstopfung.*

Um 1785 dienten Kräuter längst zur Behandlung vieler Krankheiten, und eine davon sollte die Entwicklung der Arzneimittelkunde dramatisch beeinflussen. Der englische Arzt William Withering erkannte nämlich, daß Wassersucht (*Hydropsie*) mit einem Extrakt aus Fingerhut *(Digitalis)* erfolgreich behandelt werden konnte. Dieser Extrakt findet auch heute noch in Form von Digoxin Verwendung.

Die Entwicklung von Kräuterarzneien steht vor einem neuen Anfang, denn Wissenschaftler schätzen, daß man aus den Pflanzen der tropischen Regenwälder mindestens 328 neue Medikamente gewinnen könnte. Die Heilwirkungen von Pflanzen werden mit immer größerem Interesse wahrgenommen – das Wissen der Alten hat die Jahrhunderte überdauert.

Die Bedeutung Amerikas

Der amerikanische Kontinent zeichnet sich durch viele verschiedene Klimazonen aus, die unterschiedlichste Wachstumsbedingungen für Pflanzen bieten. Fast alle wichtigen Arzeimittel Nordamerikas werden aus heimischen Pflanzen entwickelt.

Bereits die Siedler verwendeten diese Heilpflanzen zur Linderung zahlreicher Beschwerden. Wegen der großen Nachfrage mußten die Pflanzen kommerziell angebaut werden. Im Jahr 1838 gelangten amerikanische Arzneien aus Kräuter- und Gewürzpflanzen auch nach Europa, wo sie sich bald großer Beliebtheit erfreuten. Die verschiedensten Heilpflanzen, wie Passionsblume, Orangenwurzel, Zaubernuß, Sassafras, Rotulme und viele verwandte Arten, stammen ursprünglich aus Nordamerika.

Der Regenwald Mittel- und Südamerikas bietet heute wie damals eine faszinierende Fülle von Pflanzen mit Arzneiwirkungen. Der florentinische Seefahrer Amerigo Vespucci entdeckte im 14. Jahrhundert kolumbische Stämme, die Kokablätter kauten – eine bis 2100 v. Chr. zurückreichende Praktik. Das Alkaloid Kokain, das aus diesen Blättern gewonnen wird, ist inzwischen ein wertvolles Mittel zur örtlichen Betäubung, aber auch ein gefährliches Rauschgift. Weitere häufig verwendete Pflanzen aus Mittel- und Südamerika sind etwa Chillies, Pfeffer, Yamsbohnen aus Mexiko, Papau, Strychnin, Piment, Hartriegel aus Jamaika, Vanille und Mais.

Die Bewahrung dieses lebenswichtigen Naturreichs ist von größter Bedeutung, vor allem wenn man bedenkt, daß allein für den Anbau des Kokastrauchs seit den frühen 1920er Jahren in Peru über 800 Hektar Regenwald gerodet wurden.

KRÄUTER SELBST ZIEHEN

Ein mit Sorgfalt angelegter Garten oder kleiner Grünstreifen kann wunderschöne optische Reize bieten.

KRÄUTER LASSEN SICH LEICHT anbauen, und es ist sehr reizvoll, einen eigenen Kräutergarten anzulegen oder auch nur ein paar Kräuter im Topf selbst zu ziehen.

Falls das Klima es zuläßt, sollten Sie Ihre Kräuter ins Freie pflanzen. Meist bevorzugen sie einen sonnigen Standort, doch Schnittlauch, Fieberklee, Meerrettich, Zitronenmelisse, Minze, Beinwell, Ingwer, Veilchen, Engelwurz, Kerbel, Waldmeister, Petersilie und Myrrhenkerbel ziehen Schatten vor.

Eine bewußte Auswahl von Kräutern bewahrt Ihren Kräutergarten zudem vor Schädlingsbefall. Wenn Sie etwa Rosmarin und/oder Salbei zusammen mit anderen Kräutern anpflanzen, halten sich Schädlinge fern, ohne daß Sie auf chemische Mittel zurückgreifen müssen.

Auch die Auswahl des richtigen Standorts ist wichtig. Die meisten Kräuter brauchen mindestens sechs Stunden Tageslicht. Prüfen Sie die Bodenbeschaffenheit: Einen schlammigen Boden sollte man mit etwas Sand vermischen, ein schwerer Lehmboden profitiert eher von Torf.

Damit Ihre Kräuter die Nährstoffe im Boden optimal aufnehmen können, sollte der Boden leicht sauer bis neutral sein (pH-Wert 6,5–7,9).

Kräuter für schweren Lehmboden

Engelwurz	Fenchel
Schnittlauch	Zitronenmelisse
Beinwell	Pfefferminze

Fast alle großen Gartencenter bieten Bodentester an. An einen zu sauren Boden gibt man etwas Kalk, an einen alkalischen etwas Schwefel. Bei der Auswahl der geeigneten Kräuter für Ihren Garten sollten Sie auch gleich den richtigen Standort in Erwägung ziehen. In der Regel ist ein sonniger Platz, der gleichzeitig nach Norden und Westen durch hohe Sträucher, Koniferen oder eine Mauer geschützt ist, am besten. Nach Süden und Osten sollte der Kräutergarten aber unbedingt frei von Schattenspendern sein.

Ausreichende Bewässerung ist für das optimale Wachstum Ihrer Kräuterpflanzen lebenswichtig. Kräuter sollte man deshalb stets in die Nähe einer Wasserquelle setzen. Besonders gut gedeihen sie mit Regenwasser, darum empfiehlt es sich, eine Regentonne aufzustellen, um so ausreichend Wasser zur Verfügung zu haben.

In der Regel ist ein lehmiger, leicht sandiger Boden am besten für das Wachstum von Kräutern geeignet. Er sollte humushaltig, leicht und durchlässig sein, dann gedeihen alle Kräuterarten gleichermaßen gut. Und Ihnen wird eine reiche Ernte beschert!

Kräuter für einen trockenen Platz

Lorbeer
Knoblauch
Lavendel
Oregano
Rosmarin
Salbei
Thymian

Gartenkräuter

Wer Kräuter im eigenen Garten ziehen möchte, sollte vorher einige Überlegungen anstellen. Ein Besuch in einem öffentlichen Kräutergarten kann dabei nützliche Anregungen bieten: Eine Rabatte mit Kräutern eignet sich zum Beispiel gut als Küchengarten. In einem bereits angelegten Garten bekommen Sie auch einen Eindruck davon, wie stark sich manche Arten ausbreiten oder wie hoch sie werden. So müssen Rosmarinsträucher im Abstand von mindestens 90 cm gepflanzt werden, Fenchel und Majoran benötigen dagegen nur etwa 30 cm Abstand.

Kräuterrabatten sind in jedem Garten ein attraktiver Blickfang und versorgen uns mit wunderbaren frischen Kräutern, allerdings

Wirkungsvoll: dekorativ angelegte Kräuterbeete

Schattenkräuter

Engelwurz	Meerrettich
Kerbel	Zitronenmelisse
Schnittlauch	Petersilie
Myrrhenkerbel	Pfefferminze
Beinwell	Waldmeister
Fieberklee	Veilchen
Ingwer	

dürfen die Pflanzen nicht zu dicht nebeneinander stehen. In einem kleineren Garten bestimmt der zur Verfügung stehende Platz alle weiteren Planungen, doch mit etwas Phantasie gibt es unbegrenzt viele Möglichkeiten für ein wirkungsvolles Kräuterbeet. Seine Form bestimmen der jeweilige Garten und die Anzahl der Kräuter. Denken Sie auch daran, daß ein Küchengarten leicht zugänglich sein sollte, was mitunter einen ungünstigeren, leicht schattigen Platz zur Folge haben kann. Doch zum Glück gibt es einige sehr nützliche Kräuter, die im Schatten gedeihen.

Topfkultur

Kräuter werden häufig in Töpfen gezogen, auch in diesem Fall brauchen sie unbedingt regelmäßig Wasser und möglichst viel Sonne. Die Topfkultur ist vor allem dann zu empfehlen, wenn nur wenig Platz zu Verfügung steht – die Töpfe können auch pyramidenartig aufgestellt werden. Wie viele Kräuter man in einem Topf

Außergewöhnlich: kaskadenartig angeordnete Töpfe mit Kräutern

oder Kasten ziehen kann, hängt von der Größe der Pflanzgefäße und vom Standort ab. Bedenken Sie, daß Kräuter sich ausbreiten; einige wachsen sehr schnell, und brauchen von Anfang an genügend Platz.

Idealer Platz für Blumenkästen mit Kräutern: das Küchenfenster.

Blumenkästen mit Kräutern haben eine farbenfrohe und dekorative Wirkung – beispielsweise vor einer tristen Hauswand, denn sie müssen nicht unbedingt auf dem Fensterbrett stehen. Das Angebot der Pflanzgefäße ist groß, wobei sich der klassische Holzkasten vielleicht am besten eignet. Pflanzt man Kräuter in eine schmiedeeiserne Ampel, kann die Erde durch den Wind sehr schnell austrocknen. Einige moderne Hängekörbe haben am Boden ein Reservoir, das die Pflanzen bis zu einer Woche mit Wasser versorgen kann. Diese nützliche Erfindung zahlt sich vor allem in den warmen Sommermonaten aus.

Kräuter kann man in fast jedes Gefäß pflanzen, auch in die Schalen einer alten Küchenwaage.

Freistehende Terrakotta- oder Keramiktöpfe sind wunderschön, wenn sie bepflanzt werden, doch muß man sie vor Frost schützen, da sie sonst springen können. Kaufen Sie nach Möglichkeit frostbeständige Tontöpfe.

Kräuter für Topfkultur

Basilikum	Oregano
Lorbeer	Petersilie
Schnittlauch	Pfefferminze
Fieberklee	Rosmarin
Ysop	Salbei
Lavendel	Estragon
Zitronenmelisse	Thymian

Zum Ziehen von Kräutern gut geeignet ist ein etwa 90 cm hoher Topf, der rundum Pflanzöffnungen besitzt, in die man zahlreiche kleine Kräuter setzen kann. Für ihn findet sich auch auf engem Raum noch ein Platz, etwa auf einem Balkon oder einer Dachterrasse.

Wenn Sie Kräuter in Töpfe pflanzen, sollten Sie auf dem Topfboden einige Tonscherben für eine Drainage verteilen. Der Topf wird mit einer Mischung aus Qualitäts-Blumenerde und Kompost aufgefüllt. Die Kräuterpflanzen setzt man 5 cm tief in die Erde und drückt sie gut fest. Für die Aussaat werden die Samen auf der Erde verteilt und mit etwas Erde bedeckt. Anschließend kräftig gießen.

Manche Kräuter, etwa der Fenchel, werden im Topf sehr groß, andere wie Estragon bleiben klein, weil sich ihre Wurzeln im Topf nicht ausbreiten können. Durch Zurückschneiden kann man das Wachstum kontrollieren.

Die häufigsten Gartenkräuter

Die Anlage Ihres Kräutergartens sollten Sie gründlich planen. Wollen Sie zum Beispiel Küchenkräuter ziehen oder möchten Sie Ihre Kräuter als Heilmittel verwenden? In Betracht kommen etwa die am häufigsten verwendeten Küchenkräuter, doch sollten Sie nur

Beliebte Küchenkräuter und Gewürzpflanzen

Engelwurz
Artischocke
Basilikum
Lorbeer
Schnittlauch
Koriander
Gewürznelken
Bockshornklee
Knoblauch
Dill
Fenchel
Ingwer

Meerrettich
Ysop
Wacholderbeeren
Majoran
Oregano
Petersilie
Pfefferminze
Rosmarin
Salbei
Estragon
Thymian

Beliebte Heilpflanzen

Kümmel
Kamille
Gewürznelken
Beinwell
Rot. Sonnenhut
Fieberklee
Knoblauch
Ysop
Lavendel
Zitronenmelisse
Pfefferminze
Rosmarin
Salbei
Thymian

Giftige Krautpflanzen

Schlüsselblume
Fingerhut
Palmlilie
Maiglöckchen
Catharanthus roseus
Herbstzeitlose
Schlafmohn
Kermesbeere

solche anpflanzen, die Sie auch regelmäßig verwenden. Überlegen Sie, welche Küchenkräuter Sie am meisten benötigen, und pflanzen Sie diese zuerst an, denn diese finden mit Sicherheit Verwendung. Mit der Zeit werden Sie immer mehr dazulernen und mit neuen Pflanzen experimentieren.

Denken Sie auch daran, daß manche Pflanzen giftig sind und nach Möglichkeit gar nicht erst angepflanzt oder mit größter Vorsicht plaziert werden sollten – vor allem wenn Sie kleine Kinder oder Haustiere haben, die damit in Berührung kommen könnten.

Wann werden welche Kräuter gepflanzt?

Knoblauch (*Allium sativum*) Die Knoblauchzwiebel besteht aus 12–15 kleineren Tochterzwiebeln, den Knoblauchzehen. Für die Vermehrung werden diese getrennt und in die Erde gesteckt. Der Boden sollte locker und trocken sein, die Zehen steckt man dann im Abstand von 6 cm etwa 4 cm tief in den Boden. Knoblauch steckt man am besten im zeitigen Frühjahr. Im Sommer empfiehlt es sich dann, die Blätter zu verknoten, damit kräftigere Pflanzen keine Blüten bilden.

Geerntet wird gegen Ende des Sommers. Die Zwiebeln werden zusammengebunden und zur Aufbewahrung in einen trockenen Raum gehängt.

Schnittlauch (*Allium schoenoprasum*) Schnittlauch vermehrt man am besten im Herbst oder Frühjahr durch Wurzelteilung. Er gedeiht in jedem Boden, in der Sonne wie im Schatten. Im Sommer sollte er allerdings mehrfach zurückgeschnitten werden, denn dies fördert den Blattwuchs.

Schnittlauch kann man problemlos in einem kleinen Beet ziehen und drei bis vier Jahre lang regelmäßig ernten. Danach sollte die Pflanze ersetzt werden.

Engelwurz (*Angelica archangelica*) Engelwurz läßt sich leicht durch Samen vermehren, die man bald nach der Ernte aussäen sollte. Sie bevorzugt feuchten Boden und gedeiht besonders gut in der Nähe eines Wassergrabens. Die in der Regel zweijährige Pflanze kann man auch mehrere Jahre ziehen, wenn man den Blütenstengel mit Samen rechtzeitig abschneidet.

Bleichsellerie (*Apium graveolens var. dulce*) Die Blattstiele und Blattscheiden des Bleichselleries können hohl oder dickfleischig sein. Bevorzugt werden Sorten mit dickfleischigem Stiel angebaut.

Damit die Pflanzen das ganze Jahr hindurch wachsen, muß der Bleichsellerie wiederholt ausgesät werden. Das erste Mal sät man ihn zu Frühjahrsbeginn in ein geschütztes Beet, die zweite Aussaat erfolgt gegen Ende des Frühjahrs in feuchte Erde. Die Pflänzchen der ersten Aussaat werden zur Mitte des Frühjahrs im Abstand von etwa 5 cm in nährstoffreichen Boden gesetzt. Man muß sie ausreichend gießen und einige Tage vor direktem Sonnenlicht schützen. Gegen Ende des Frühjahrs werden die kräftigsten Pflanzen dann zum Bleichen in Gräben gesetzt.

Gewöhnlich hebt man dafür 30 cm tiefe und ebenso breite Gräben im Abstand von 90–120 cm aus. Die Erde in den Gräben sollte locker und von guter Qualität sein. Bleichsellerie braucht feuchten, tiefgründigen und nährstoffreichen, aber lockeren Boden. Die ausgehobene Erde wird zum späteren Anhäufeln entlang dem Graben aufgeschichtet. Lange Blattspitzen und seitliche Wurzeln der Selleriepflanzen werden abgeschnitten, ehe man diese im Abstand von 5 cm in die Gräben pflanzt. Während des Wachstums wird alle zehn Tage etwas Erde angehäufelt. Dies sollte stets bei trockener Witterung geschehen, und das Herz der Pflanze darf nicht mit Erde bedeckt werden. Wenn die Pflanzen größer werden und die Erde aufgebraucht ist, müssen zwischen den alten Gräben neue ausgehoben werden, damit genügend Erde um die Blattstiele bis zu einer Höhe von 8 cm angehäufelt werden kann. Die zuletzt gezogenen Selleriepflanzen vertragen einen milden Winter, sie sollten aber in trockene Erde gesetzt werden. In kalten Wintern bedeckt man die Beete mit Stroh.

Meerrettich (*Armoracia rusticana*) Meerrettich braucht nährstoffreichen, tiefgründigen Boden. Man zieht ihn aus Stecklingen der Seitenwurzeln, den sogenannten Fechsern. Diese werden zu Frühjahrsbeginn in Reihen von jeweils 30 cm Abstand mindestens 30 cm tief in den Boden gesteckt. Geerntet wird erst im zweiten Jahr, die Wurzeln können dann nach Bedarf ausgegraben werden. Das Beet ist für vier bis fünf Jahre ertragreich.

Kümmel (*Carum carvi*) Kümmel ist eine zweijährige Pflanze. Die reifen Samen sollten möglichst zeitig im Herbst ausgesät werden. Die kleinen Pflänzchen pikiert man im Frühjahr im Abstand von etwa 10 cm. Feuchten Boden verträgt die Kümmelpflanze am besten.

Artischocke (*Cynara scolymus*) Die Vermehrung von Artischocken erfolgt im Frühjahr durch Wurzelsprosse oder Schößlinge der Mutterpflanze. Sie bevorzugen lockeren Lehmboden, der nährstoffreich, tiefgründig, aber trocken sein sollte. Vor dem Pflanzen gräbt man den Boden 90 cm tief um und läßt ihn einige Tage ruhen. Die Pflanzen werden im Abstand von 1,20 m in die Erde gesetzt. Im ersten Jahr ist die Ernte noch gering, im zweiten Jahr kann man aber schon mit reichlichem Ertrag rechnen. Dafür werden die noch geschlossenen Blütenköpfe im Herbst mit dem Stiel dicht über dem Boden abgetrennt.

Ysop (*Hyssopus officinalis*) Magerer, trockener Boden ist für Ysop am besten geeignet. Die Vermehrung erfolgt im Frühjahr durch Samen, Wurzelsprossen oder Stecklinge.

Lavendel (*Lavandula officinalis*) Lavendel kann man das ganze Frühjahr hindurch aus Stecklingen oder jungen Wurzelsprossen ziehen. Er mag trockenen, sandigen oder mageren Boden.

Pfefferminze (*Mentha piperita*) Pfefferminze verträgt fast jeden Boden und läßt sich im Frühjahr durch Wurzelsprossen, im Sommer durch Stecklinge und im Herbst durch Wurzelteilung problemlos vermehren. Starker Frost kann die Pflanzen zerstören, darum sollte man sie leicht mit Stroh abdecken.

Majoran (*Origanum majorana*) Dieses Küchenkraut läßt sich am besten aus Samen ziehen. Der eng verwandte Oregano (Wilder Majoran) wird durch Stecklinge vermehrt und ist winterhart. Majoran ist nur bedingt winterhart, braucht ein geschütztes Beet und trockenen Boden. Er wird meist nur einjährig angebaut.

Petersilie (*Petroselinum crispum*) Petersilie kann man in kleinen Furchen an Beeträndern ziehen. Die Samen werden zu Frühjahrsbeginn gesät.

Rosmarin (*Rosmarinus officinalis*) Rosmarin läßt sich im Frühjahr leicht aus Wurzelsprossen oder Stecklingen ziehen. Man sollte ihn im Schatten in trockenen Boden setzen.

Salbei (*Salvia officinalis*) Je lockerer und magerer der Boden ist, um so besser gedeiht der Salbei. Man zieht ihn im Frühjahr aus Wurzelsprossen, im Sommer aus Stecklingen. Die Stecklinge sollten bis zu 12 cm lang sowie von den unteren Blättern befreit sein und fast bis zur Spitze in die Erde gesteckt werden. Sie brauchen viel Wasser. Alle drei bis vier Jahre sollte man die Pflanzen ersetzen.

Thymian (*Thymus vulgaris*) Am besten gedeiht Thymian in lockerem, trockenem Boden, der schon länger nicht mehr gedüngt wurde. Die Vermehrung erfolgt durch Wurzelteilung und Wurzelsprossen oder im Frühjahr durch Aussaat.

KRÄUTER ERNTEN

Das Ernten von Kräutern fördert die Ausbildung neuer Triebe und die gesunde Entwicklung der Pflanzen.

Werden die Blüten verwendet, so sollte man die Knospen kurz vor dem Öffnen pflücken, da die meisten Kräuter kurz vor der Blüte ihr bestes Aroma entfalten. Mehrjährige Kräuter können während der Wachstumszeit zwei- bis dreimal in größeren Mengen geerntet werden. Doch sollte man ihnen zuvor ein Jahr Zeit geben, sich zu entwickeln, und bei der Ernte darauf achten, nicht in die verholzten Triebe zu schneiden. Einjährige Kräuter schneidet man zweimal während des Wachstums 10 cm über dem Boden ab. Ein letztes Mal erntet man sie vor dem ersten Frost.

Möchten Sie die Samen ernten, sollten Sie warten, bis sich die Samenkapseln verfärben. Um den richtigen Zeitpunkt zu bestimmen, klopfen Sie einfach gegen die Kapseln: Die Samen sollten herausfallen. Die besten Kräuterprodukte erhalten Sie von gesunden Pflanzen. Denn sie enthalten reichlich Wirkstoffe und ätherische Öle. Geben Sie die gesammelten Kräuter am besten in separate Beutel, damit sich ihre Aromen nicht gegenseitig beeinträchtigen und ihr Duft sowie das enthaltene Öl bewahrt wird.

Die verschiedenen Pflanzenteile

Blätter und Stengel Blätter und Stengel sollte man jung und frisch ernten, ehe sie fest oder gar holzig werden.

Samen Ernten Sie Samenkapseln oder Samenköpfchen, bevor sie zu reif sind. Sie werden abgeschnitten und an einem warmen, trockenen Ort zum Nachreifen aufbewahrt.

Blüten Blüten sollte man kurz nach dem Aufblühen dicht unter dem Blütenkopf abschneiden.

Früchte und Beeren Sie werden am besten reif geerntet, sollten aber nicht überreif oder bereits von Vögeln angepickt sein. Geerntete Früchte sofort verwenden oder konserviern.

Rhizome, Wurzeln und Knollen Sobald Blätter und Stengel abgestorben sind und der Ruhezustand der Pflanze beginnt, werden die unterirdischen Pflanzenteile geerntet.

Holz und Rinde Auch Holz oder Rinde vieler Pflanzen kann geerntet werden. Die Rinde darf man jedoch niemals völlig entfernen, da sie die Pflanze vor Infektionen schützt. Verwenden Sie die Rinde abgeschnittener Zweige oder Äste und versiegeln Sie die Schnittstellen an der Pflanze.

KRÄUTER TROCKNEN

Das Lufttrocknen ist die natürlichste Methode, Kräuter haltbar zu machen, und hübsch sind die Kräutersträuße auch.

Zum Trocknen eignen sich vor allem Thymian, Estragon, Lorbeerblätter und Rosmarin, denn sie bewahren relativ lange Duft und Geschmack. Die meisten Kräuter sind jedoch frisch geerntet am besten. In der Regel sollte man getrocknete Kräuter nicht länger als zwölf Monate aufbewahren, da sie danach sehr schnell ihr Aroma verlieren.

Wollen Sie die Blätter trocknen, sollten diese kurz vor dem Öffnen der Blütenknospen gepflückt werden, weil sie dann das meiste ätherische Öl enthalten. Kräuter wie Thymian und Estragon kann man in Sträußen zusammenbinden und zum Trocknen aufhängen. Größere Blätter, etwa von Kräutern wie Minze, Basilikum und Salbei, sollten makellos sein und noch früh am Tag gepflückt werden, ehe sich im Sonnenlicht das ätherische Öl verflüchtigt. Man hängt sie an einen warmen Ort (ideal ist ein gut belüfteter Schrank), bis sie so trocken sind, daß man sie zerkrümeln und in einem Glas aufbewahren kann. Lagern Sie Ihre getrockneten Kräuter in separaten Gläschen, die Sie mit dem jeweiligen Namen und dem Erntedatum beschriftet haben. Die sauberen, luftdichten Gläschen müssen an einem trockenen, dunklen Ort aufbewahrt werden.

Lufttrocknen

Das Lufttrocknen ist die verbreitetste und einfachste Methode, Kräuter haltbar zu machen. Sie werden einfach auf einer trockenen Fläche ausgebreitet oder mit einem Stück Faden zu Sträußen zusammengebunden. Nach dem Ernten sollten Kräuter innerhalb von zwei Tagen getrocknet werden, da sich danach schnell ihr Aroma und die Wirkkraft ihrer Inhaltsstoffe verringert. Verfärben sich die Blätter dunkelbraun bis schwarz und weisen sie verdorbene Stellen auf, wurden sie zu langsam getrocknet und sind unbrauchbar geworden. Ideal ist eine Temperatur von 20–23 °C und trockene Luft. Werden die Kräuter auf traditionelle Weise in Sträußen zum Trocknen aufgehängt, ist ein besonders gutes Ergebnis zu erwarten. Blüten und große Blätter auf Löschpapier verteilen und auf einem Kuchengitter trocknen lassen.

Samenköpfchen sollte man falsch herum aufhängen, damit die Samen beim Trocknen herausfallen: Man fängt sie mit einem daruntergelegten Blatt Löschpapier auf.

Im Ofen trocknen

Diese Methode ist für zarte Blätter und Blüten ungeeignet, da die Hitze im Ofen ihre Wirkstoffe und Öle zerstört. Vielmehr empfiehlt sich das Trocknen im Ofen bei größeren Pflanzenteilen, etwa Wurzeln, Rhizomen und Knollen, die bei 50°–60 °C getrocknet werden müssen, damit sie haltbar bleiben. Das Trocknen dauert etwa drei Stunden.

Behälter zur Aufbewahrung

Wie lange sich Ihre getrockneten Kräuter halten, hängt davon ab, in welchen Behältern sie aufbewahrt werden. In durchsichtigen Gläschen bleicht das Licht sie aus und zerstört wichtige Inhaltsstoffe. In Plastikbehältern kann sich durch entstehende Feuchtigkeit Schimmel bilden und die getrockneten Pflanzen verderben. Am besten eignen sich dunkle Gläschen oder Keramiktöpfchen mit luftdichtem Verschluß: Dadurch werden die Kräuter vor Licht und Luft geschützt. Kühl und dunkel gelagert bleiben Kräuter in diesen Behältern wesentlich länger haltbar.

HEILMITTEL HERSTELLEN

Ein entspannender Aufguß aus Römischer Kamille (Chamaemelum nobile)

Aufgüsse und Absude

Für Aufgüsse gießt man kochendheißes Wasser über Blüten, Blätter und Samen von Kräutern. Ein Aufguß sollte aus höchstens drei verschiedenen Kräutern bestehen.

Nehmen Sie für einen Aufguß 25 g getrocknete Kräuter oder die doppelte Menge frischer Kräuter und 600 ml kochendheißes Wasser. Dafür die Kräuter mit heißem Wasser aufgießen und zugedeckt 15 Minuten ziehen lassen. Den Aufguß abseihen und die Kräuter ausdrücken, um so viel Flüssigkeit wie möglich zu gewinnen. Zweimal täglich eine Tasse trinken. Gut geeignete Kräuter zum Ausprobieren sind Salbei, Minze und Kamille.

Um die Wirkstoffe der härteren Pflanzenteile – Holz, Rinde und Stiele – zu gewinnen, bereitet man einen Absud. Dafür werden die gleichen Mengen wie für einen Aufguß genommen, doch kocht man das kalte Wasser mit den Kräutern auf und läßt es 20 Minuten bei schwacher Hitze kochen. Der entstandene Absud wird abgeseiht und getrunken.

Aufgüsse und Absude nimmt man am besten noch am selben Tag zu sich, doch können sie auch im Kühlschrank etwa 24 Stunden aufbewahrt werden.

Tinkturen

In einer Mischung aus Alkohol und Wasser weicht man die Kräuter (alle Pflanzenteile werden verwendet) zwei Wochen lang ein. Durch den Einweichprozeß werden den Pflanzen die Wirkstoffe entzogen, und die Tinktur bleibt durch den enthaltenen Alkohol etwa zwei Jahre ab dem Herstellungsdatum haltbar. Die für zwei Wochen eingeweichten Pflanzenteile werden ausgedrückt, die fertige Tinktur bewahrt man in einem luftdichten Behälter auf: nach Bedarf verwenden. Es empfiehlt sich, Tinkturen immer nur von einer Kräuterart herzustellen und, falls nötig, mit anderen Tinkturen zu vermischen. Den Alkohol zum Einweichen bekommen Sie in Ihrer Apotheke. Für im Handel erhältliche Tinkturen wird Äthylalkohol verwendet, doch für selbstgemachte Tinkturen eignet sich auch Wodka (37,5 %). Verdünnen Sie 750 ml Wodka mit 40 ml Wasser und weichen Sie die Kräuter darin ein.

Öle

Durch ein komplexes Verfahren kann man Pflanzen Öl entziehen. Meist geschieht dies durch Destillation. Dafür wird Wasser bis zum Siedepunkt erhitzt und der entstehende Dampf in einen großen, mit Kräutern gefüllten Kessel geleitet. Der Dampf dringt durch die aufgeschichteten Kräuter und enthaltenes Wasser sowie ätherische Öle steigen mit dem Wasserdampf auf. Dieser wird durch einen Kondensator geleitet und als Öl und Blütenwasser aufgefangen. Auf diese Weise gewinnt man das ätherische Öl von Lavendel, Myrrhe, Sandelholz und Zimt.

Der beschriebene Prozeß isoliert das ätherische Öl der Kräuter, andere Substanzen wie Tannine und Bittermittel sind nicht enthalten. Durch weitere Destillationen bei unterschiedlichen Temperaturen können verschiedene Bestandteile des ätherischen Öls getrennt werden – so etwa Kampfer, der durch wiederholte Destillationen in weißen, gelben und braunen Kampfer aufgebrochen wird. An der Luft verdunstet ätherisches Öl schnell, darum ist es unbedingt notwendig, die Flaschen mit dem Öl fest zu verschließen, um das Aroma zu bewahren.

Wenn Sie Öle zum Einreiben kombinieren möchten, sollten Sie sich auf eine einfache Mischung beschränken und nicht mehr als vier verschiedene Öle zusammen verwenden. Ebenso gut eignet sich auch eine einzelne Sorte, mitunter ist sie sogar wirkungsvoller als eine Mischung.

Massageöle Man klassifiziert Massageöle nach den jeweiligen Pflanzenteilen, aus denen sie gewonnen wurden. Blütenöle werden als Kopfnote bezeichnet, ihr Duft entfaltet sich zuerst; Öle aus den Blättern heißen Herznote und besitzen eine stärkere therapeutische Wirkung; Öle aus Holz und Wurzeln sind als Basisnote bekannt, denn sie geben einer Mischung den »charakteristischen« Duft, der länger anhält. Eine ausgewogene Mischung von Ölen enthält darum all diese Duftnoten.

Das Öl, in das ätherische Öl gegeben werden, bezeichnet man als Träger- oder Basisöl – meist handelt es sich um Traubenkern- oder Mandelöl. Andere Sorten, etwa Weizenkeim- oder Avocadoöl, können ebenfalls verwendet werden, doch nutzt man diese nahrhaften Öle normalerweise nur für sehr trockene Haut.

Badeöle Ein Bad mit einigen Tropfen (etwa fünf) ätherischen Öles kann eine äußerst entspannende und therapeutische Wirkung haben. Bei sehr empfindlicher Haut mag diese Anwendung jedoch zu Reizungen führen, und es empfiehlt sich, vorher einen Aromatherapeuten zu Rate zu ziehen. Probieren Sie ein Bad mit Kamillen- oder Lavendelöl, wenn Sie unter Streß oder Schlaflosigkeit leiden. Bei Muskel- und Gelenkschmerzen hilft ein Rosmarinbad.

Duftöle Die Tatsache, daß ätherische Öle schnell verdunsten, kann man sich zunutze machen, um einem Raum einen angenehmen Duft zu verleihen. Ein Papiertaschentuch mit ein paar Tropfen Öl, das man auf die Heizung legt, erzeugt bereits ein wunderbares Aroma, das intensiv genug ist, um

Ein paar Tropfen ätherischen Öls in einer Duftlampe geben einem Raum einen angenehmen Duft.

unangenehmen, kalten Zigarettenrauch zu vertreiben. In einem Krankenzimmer können ätherische Öle dazu beitragen, die Luft zu reinigen und dem Kranken das Atmen zu erleichtern, manchmal haben sie sogar eine aufmunternde Wirkung. Für ein Krankenzimmer eignen sich die ätherischen Öle von Eukalyptus und Pfefferminze.

Zur Entspannung und um die Stimmung zu heben, kann man einem Raum den Duft von Zedernholz und Weihrauch verleihen. Dafür können Sie eine Duftlampe verwenden oder einige Tropfen Öl auf die Metallbefestigung eines Lampenschirms träufeln.

Öle zum Inhalieren
Bei einer Erkältung werden durch das Inhalieren Atemwege und Nebenhöhlen wieder frei. Dafür drei bis fünf Tropfen Pfefferminz-, Eukalyptus- oder Thymianöl in eine Schüssel mit heißem Wasser geben und mit einem Handtuch auf dem Kopf über den Dampf beugen. Während Sie tief einatmen, spüren Sie die befreiende Wirkung.

WICHTIGER HINWEIS:
Bei empfindlichen Menschen mit Asthma können die verwendeten Öle und sogar der Dampf während der Inhalation einen Anfall auslösen. Darum ist es unbedingt ratsam, daß sich Menschen mit Asthma bei dieser Behandlungsmethode fachkundig beraten lassen.

Öle zur inneren Anwendung Die innere Anwendung von ätherischen Ölen ist nicht zu empfehlen, es sei denn Sie haben genaue Anweisungen erhalten, eine bestimmte Menge eines ganz bestimmten Öls zu verwenden. Viele ätherische Öle können den Magen stark reizen und zu schweren Gegenanzeigen führen.

Breiumschläge und Kompressen

Für einen Breiumschlag sollte man am besten frische Blätter, Stengel und Wurzeln verwenden. Diese werden zerhackt und zu einer Paste zerdrückt, der man etwas Wasser zugibt, bis sie die richtige Konsistenz hat. Besonders schnell werden die Kräuter im Mixer oder in der Küchenmaschine zerkleinert. Die fertige Paste kann man direkt auf der Haut verteilen oder zwischen zwei Lagen Gazebinde geben und diese fest um die betroffene Stelle wickeln.

Breiumschläge können heiß oder kalt angewandt werden, doch am wirksamsten sind sie, wenn man eine heiße Wärmflasche für 30 Minuten über die Gazebinde legt. Je nach Bedarf kann man dies alle zwei bis drei Stunden wiederholen.

Ein Breiumschlag aus Brot kann bei einer Eiterbeule helfen und die Infektion bekämpfen. Kohlblätter bringen bei arthritischen Gelenken Linderung. Für eine Kompresse weicht man einfach ein Stück Baumwollstoff oder ein sauberes Küchentuch in einem frischen Kräuteraufguß (heiß oder kalt), einem Absud oder einer verdünnten Kräutertinktur ein und legt es direkt auf die betroffene Stelle. Wird ein heißer Aufguß verwendet, wechselt man die Kompresse, wenn sie abgekühlt ist. Kalte Kompressen läßt man vor dem Abnehmen trocknen. Kompressen unterstützen den Heilungsprozeß, vor allem bei verletzten Muskeln oder Bändern.

Salben und Cremes

Salben sind zum Auftragen auf die Haut gedacht. Man trägt sie auf die geschwächte Stelle auf oder dort, wo zusätzliche Feuchtigkeit benötigt wird. Sie bestehen aus Fetten (etwa Paraffin) und enthalten kein Wasser. Für Salben eignen sich alle Kräuter, doch besonders wohltuend sind Beinwell (*Symphytum officinale*), Ringelblume (*Calendula officinalis*) und Orangenwurzel (*Hydrastis canadensis*).

Das Fett in einem Dampfeinsatz schmelzen und nach und nach die ausgewählten Kräuter hinzufügen. Die Mischung zwei Stunden erhitzen und anschließend durch ein feines Musselintuch in eine Schüssel abseihen. Das Tuch gut ausdrücken. Die flüssige Salbe schnell in saubere Gläschen gießen, fest werden lassen und nach Bedarf verwenden.

Sollen die Kräuter in die Haut einziehen, verwendet man besser Cremes. Kaufen Sie in Ihrer Apotheke eine emulgierende Salbe. Sie wird geschmolzen, mit etwas Wasser und Kräutern vermischt und zwei Stunden leicht erhitzt. Die Mischung durch ein Musselintuch abseihen und dieses gut ausdrücken. Die Creme in Gläschen füllen und kühl lagern. So hält sie sich zwei Monate.

KRÄUTER IN DER MEDIZIN

Denken Sie stets daran, daß Pflanzenextrakte ebenso giftig wie gesundheitsfördernd sein können. Auch natürliche pflanzliche Produkte sind mitunter sehr gefährlich. Einige der stärksten Gifte gewinnt man aus Pflanzen.

Damit die Verwendung von Kräuterarzneien sicher und wirkungsvoll ist, müssen Sie wissen, wie oft und in welchen Mengen Sie einen Extrakt einnehmen sollten. Auf einem Tablettenröhrchen aus der Apotheke steht zum Beispiel, wieviel Acetylsalicylsäure eine Aspirin-Tablette enthält: Ebenso sollte eine Flasche mit einer Kräuterarznei über die Menge des enthaltenen Wirkstoffs Auskunft geben. So werden Sie vor der Einnahme einer Überdosis geschützt und können die Qualität prüfen. Betrachten wir das Etikett eines Fertigprodukts (siehe Kästchen).

Wurzelextrakt aus Ginseng (3:1)

(*Panax ginseng*) 100 mg

Wurzelextrakt aus Sibirischem Ginseng (5:1)

(*Eleutherococcus senticosus*) 150 mg

Enthält einen Standardauszug von 1 % Eleutheroside

Was bedeuten die Angaben? Hier wird sowohl der umgangssprachliche als auch der botanische Name genannt, und man erfährt genau, welche Extrakte das Präparat enthält. Die Dosierung in Milligramm gibt das Gewicht des Wurzelextrakts an, doch nur die Angabe der Konzentration des Extrakts (etwa 3:1 oder 5:1) gibt Aufschluß darüber, wie stark er ist. Das Mengenverhältnis 3:1 bedeutet, daß jede der Tabletten oder Kapseln die Wirkung von drei Kapseln des pulverisierten Krauts besitzt, das Verhältnis 5:1 bedeutet, daß jede Kapsel die Wirkung von fünf Kapseln des pulverisierten Krauts hat. Der Extrakt wurde also konzentriert.

Ein Standardauszug oder standardisierter Extrakt entspricht einem pharmazeutischen Standard und variiert nicht. Das eine Prozent Eleutheroside in unserem Beispiel gibt an, daß die Dosierung des Wirkstoffs dieser speziellen Ginseng-Kombination ein Prozent beträgt. Ginseng von schlechter Qualität wiegt in pulverisierter Form ebenso viel, doch zur Zeit gibt es noch kein Gesetz, das den Hersteller zu der Angabe verpflichtet, ob der Extrakt überhaupt einen Wirkstoff enthält. Also ist es sehr wichtig, die Etikettenangaben von Arzneimitteln zu verstehen.

Für Tinkturen gibt es wiederum andere Angaben. Sie werden normalerweise in einer Konzentration von 1:5 oder 1:10 hergestellt. Dies bedeutet, daß ein Teil Kräuter in fünf oder zehn Teilen Flüssigkeit eingeweicht wurde – die Tinktur enthält also die fünf- oder zehnfache Menge des Lösungsmittels. Die Lösungsmittel bestehen meist aus Wasser und Alkohol. Darin werden die Kräuter einige Stunden, manchmal auch Tage, eingeweicht, ehe man sie ausdrückt und die Tinktur in Flaschen füllt.

Um flüssige Extrakte herzustellen, weicht man die Kräuter in Lösungsmitteln wie Essig, Glykol oder Glyzerin ein und destilliert einen Teil der Flüssigkeit durch Unterdruckdestillation oder Gegendestillation und erhält dadurch jeweils eine Konzentration von 1:1, ohne Erhitzung. Das Ergebnis ist ein Teil Kräuter auf einen Teil Lösungsmittel. Flüssige Extrakte sind also fünf- bis zehnmal stärker als Tinkturen.

Feste Extrakte erhält man in der Regel durch langsame Verdunstung: Das Lösungsmittel verflüchtigt sich vollständig, der trockene, feste pflanzliche Stoff bleibt übrig. Er kann pulverisiert und zum Füllen von Kapseln verwendet werden. Durch die Zugabe von Wasser oder Alkohol läßt er sich wieder verflüssigen. Für die Kräutermedizin stellt der reine, zuverlässige Standardauszug eine der bedeutendsten Verbesserungen in den modernen Wissenschaften dar. Dieses Extraktionsverfahren trug dazu bei, Kräuterarzneien effektiv anwenden zu können und die Inhaltsstoffe von Pflanzen weiter zu erforschen. Ein standardisierter Auszug oder Extrakt ermöglicht die einheitliche Bestimmung der eingenommenen Dosis, unabhängig von der jeweiligen Qualität der Kräuter oder dem Extraktionsverfahren.

Standardauszüge

Seit Menschengedenken verwendet man Kräuter zur Förderung von Gesundheit und Wohlbefinden. Damit Kräuterextrakte so wirkungsvoll wie möglich sind, wurden reine Standardauszüge von bester Qualität entwickelt. Diese Qualität wird erreicht, indem man die Kräuter mit der notwendigen Menge Alkohol und Wasser vermischt. Alkohol und Wasser werden dann entweder zum Teil oder vollständig verdampft. Übrig bleibt eine Flüssigkeit, ein weicher oder ein fester Extrakt. Die Herstellung eines Kräuterextrakts kann man im Grunde mit der Goldgewinnung aus grobem Erz vergleichen.

Bei den modernen Extraktionsverfahren im Labor bleiben die wohltuenden Inhaltsstoffe erhalten. In der Regel sind die Extrakte in trockener oder pulverisierter Form in Kapseln erhältlich, denn so bleiben sie am wirksamsten.

Bei der beschriebenen Extraktion werden keine Chemikalien freigesetzt. Die Extrakte enthalten die gleichen Chemikalien wie die Heilpflanze, etwa ätherische Öle, Flavonoide, Alkaloide, Glukoside und Saponine. Diese wichtigen Inhaltsstoffe sollten vor allem im richtigen Mengenverhältnis vorkommen.

Die Bedeutung des Standardauszugs

*Koreanischer Ginseng (*Panax ginseng*) erhöht die Widerstandskraft.*

Die chemische Zusammensetzung und Qualität von Kräutern kann stark variieren – je nach Anbaugebiet, Bodenbeschaffenheit sowie Art und Zeitpunkt der Ernte. Für nicht standardisierte Kräuterarzneien kann darum keine gleichbleibende Wirksamkeit garantiert werden.

Betrachten wir zum Beispiel Ginseng (*Panax ginseng*), der in vielen Studien untersucht wurde. Unabhängige Untersuchungen und veröffentlichte Studien haben bei Präparaten sehr stark variierende Mengen des Wirkstoffs Ginsenosid nachgewiesen. Die meisten enthielten nur geringste Mengen, manche überhaupt kein Ginsenosid! Um die Wirksamkeit zu garantieren, mußten Hersteller von Kräuterpräparaten die Wirkstoffmenge bestimmen können. Die Methode der Präparation und Extraktion, die dies ermöglicht, ist der Standardauszug. So können Hersteller genaue Angaben über das Präparat machen, wie etwa »*Panax-ginseng*-Standardauszug, enthält 17 % Ginsenoside«. Die Verbraucher können dadurch wiederum erfahren, wie stark ein Kräuterpräparat tatsächlich ist, und sich auf die gleichbleibende Wirksamkeit verlassen.

Die Phytosom®-Methode

Bei dieser Methode handelt es sich vielleicht um das fortgeschrittenste Herstellungsverfahren für Kräuterextrakte. Phytosome werden im Körper gebildet, wenn pflanzliche Moleküle zu Phosphatidylcholin zusammengesetzt werden – einem Bestandteil von Lezithin, der überall in unserem Körper in den Zellmembranen zu finden ist. Durch die Phytosom-Methode wird ein wasserlöslicher Kräuterextrakt von einer Hülle umgeben, die ihn durch die Zellmembran problemlos resorbierbar macht. Die Zellen nehmen den Phytosom-Komplex aus den Blutbahnen aktiv auf, während Kräuterextrakte in der Regel durch passive Durchwanderung in die Zellen gelangen. Dieser Prozeß intensiviert also die biologische Wirksamkeit der Kräuterbestandteile, da sie besser absorbiert werden. Manche Verbindungen sind kaum biologisch wirksam, und eine starke Dosis ist nötig, um eine Wirkung zu erzielen. Die Verwendung solcher Kräuter wurde durch die neue Methode revolutioniert.

Die Hausapotheke

Es gibt eine Reihe wichtiger Kräuterpräparate, die man am besten als Tinkturen oder fertige Tabletten und Kapseln zu Hause lagert. Tinkturen von Rotem Sonnenhut (*Echinacea purpurea*) und Baldrian (*Valeriana officinalis*) sollte man stets vorrätig haben, ebenso wie Präparate aus Süßholz (*Glycyrrhiza glabra*), Ginseng (*Panax ginseng*) und Moosbeere (*Vaccinium macrocarpon*).

Dem Spektrum an Kräuterpräparaten in Ihrer Hausapotheke sind praktisch keine Grenzen gesetzt. Es richtet sich nach Ihren Bedürfnissen und denen Ihrer Familie.

Wichtige Heilkräuter

Echte Aloe (*Aloe vera*)
Röm. Kamille (*Chamaemelum nobile*)
Moosbeere (*Vaccinium macrocarpon*)
Roter Sonnenhut (*Echinacea purpura*)
Fieberklee (*Tanacetum parth.*)
Knoblauch (*Allium sativum*)
Ingwer (*Zingiber officinale*)
Ginseng (*Panax ginseng*)
Süßholz (*Glycyrrhiza glabra*)
Baldrian (*Valeriana officinalis*)

Roter Sonnenhut (Echinacea purpurea) *stärkt das Immunsystem.*

KÖRPERPFLEGE

Es lohnt sich, kosmetische Präparate selbst herzustellen, da sie nur natürliche Inhaltsstoffe enthalten.

PFLANZENEXTRAKTE WURDEN SCHON zur Zeit der alten Ägypter für Körperbemalungen verwendet. Waid (ein blauer Farbstoff, den man aus *Isatis tinctoria* gewinnt) verwendete man im alten Britannien, um Körper zu bemalen, so wie die Ureinwohner Amerikas Pflanzenfarben und Öle gebrauchten.

Blütenwasser

Viele Pflanzen kann man frisch oder getrocknet verwenden. Pflanzen mit aromatischen Blättern sollen gegen Ende des Sommers am wirksamsten sein, doch am frischesten zu Sommerbeginn. Sie können getrocknet und bei richtiger Lagerung das ganze Jahr hindurch verwendet werden. Es empfiehlt sich, die gepflückten Pflanzen sofort zu trocknen, damit die aromatischen Öle erhalten bleiben.

Die Pflanzen werden in kaltem Wasser gewaschen. Man gibt zwei Handvoll Pflanzen in einen ausreichend großen Topf und bedeckt sie mit Wasser. Das Wasser bei schwacher Hitze kochen lassen, damit die aromatischen Öle austreten können. In der Regel beträgt die Kochzeit 15–20 Minuten. Anschließend wird die Mischung abgeseiht, die Flüssigkeit in kleine Gläschen gefüllt und kühl gelagert.

Reinigungsmilch

250 ml Buttermilch
2 Eßlöffel Kamillenblüten
2 Eßlöffel Holunderblüten
2 Eßlöffel Lindenblüten

Römische Kamille (Chamaemelum nobile)

Alles in einen Topf geben und 30 Minuten erhitzen, aber nicht kochen lassen. Die Mischung anschließend mindestens 2 Stunden abkühlen lassen, ehe die Flüssigkeit abgeseiht und in kleine Flaschen gefüllt wird. Im Kühlschrank aufbewahren und innerhalb einer Woche verwenden. Die Reinigungsmilch vor der beruhigenden Kräuterlotion anwenden.

Hautberuhigende Lotion

Verschiedene Blütenwasser (Rosen-, Lavendel-, Holunder- und Orangenblütenwasser) zu gleichen Teilen vermischen. 2 Eßlöffel der Mischung mit jeweils 2 Eßlöffeln Zitronensaft und Zaubernuß verrühren. Eine beruhigende Wirkung erzielt man durch den Zusatz einiger Tropfen ätherischen Öls (Lavendel, Geranie oder Rose). Alles gut vermischen und die Lotion kühl aufbewahren. Morgens und abends auftragen, um das natürliche Aussehen der Haut zu bewahren und die Poren zu reinigen.

Gesichtswasser

Eine gute Handvoll Lindenblüten mit heißem Wasser aufgießen. Abkühlen lassen und abseihen. In 300 ml kochendheißes Wasser 1 Teelöffel Zaubernuß einrühren. Das Blütenwasser dazugießen.

Zaubernuß beruhigt die Haut und macht sie zart, gleichzeitig sorgt sie für eine gründliche Reinigung. Das Gesichtswasser morgens und abends anwenden.

RAUMDEKORATION

Mit Kräutern und aromatischen Pflanzen verschönerte man schon immer das Heim. Potpourris und Räucherkugeln dienten im Mittelalter häufig zur Verbesserung der Luft, und auch die Ägypter stellten aromatische Kräutermischungen zur Dekoration und wegen ihrer Heilwirkung in die Räume.

Lavendel (Lavandula officinalis) *bewahrt auch nach dem Trocknen sein Aroma und eignet sich darum ideal für Potpourris.*

Potpourris

Ein Potpourri kann Ihrem Wohn- oder Schlafzimmer einen ganz besonderen Duft verleihen. Solch eine bunte Duftmischung besteht aus vier Komponenten: Blüten, Blättern, Gewürzen und einem Fixiermittel (in der Aromatherapie als Basisnote bezeichnet). Das Fixiermittel wird benötigt, um dem Potpourri Haltbarkeit zu geben. Die ausgewählte aromatische Substanz entfaltet ihren Duft nur langsam, und so bleibt das Aroma lange erhalten.

Wenn Sie, statt ein Potpourri zu kaufen, Ihre eigene Mischung herstellen, können Sie diese ganz genau auf Ihren Geschmack abstimmen. Wählen Sie die Zutaten für Ihr eigenes Potpourri doch einfach aus den folgenden Vorschlägen aus.

Blüten

- *Holunder*
- *Geißblatt*
- *Lavendel*
- *Maiglöckchen*
- *Lindenblüte*
- *Narzisse*
- *Orangenblüte*
- *Rose*
- *Nachtviole*

Blätter

- *Basilikum*
- *Lorbeer*
- *Bergamotte*
- *Zitronenmelisse*
- *Zitronenstrauch*
- *Rosmarin*
- *Salbei*
- *Majoran*
- *Estragon*
- *Thymian*
- *Waldmeister*

Gewürze

- *Piment*
- *Anissamen*
- *Kardamom*
- *Gewürznelken*
- *Korianderkörner*
- *Dillsamen*
- *Ingwer*
- *Muskat*
- *Sternanis*
- *Vanillestangen*

Basisnoten-Düfte

- *Weihrauch*
- *Myrrhe*
- *Sandelholz*
- *Kalmus*

Potpourris müssen vor Gebrauch »reifen«. Dafür die Mischung in einem Behälter verschlossen 4–6 Wochen warm und trocken lagern.

Blüten trocknen Die ideale Temperatur zum Trocknen beträgt etwa 24 °C. Die Blüten sollte man auf Mull oder Zeitungspapier nebeneinander ausbreiten und jeden Tag einmal wenden. Für ein gutes Ergebnis werden kleinere Blütenblätter bis zu sieben Tagen getrocknet, während größere, dickere Blätter erst nach bis zu drei Wochen vollständig getrocknet sind. Lavendel- und Kamillenblüten kann man mit dem Stengel trocknen: Sie werden am besten zu Sträußen gebunden und falsch herum aufgehängt.

Frühlings-Potpourri

Blüten

3 Tassen Rosenblüten
2 Tassen Lavendelblüten
1 Tasse Gewürznelken

Blätter

¼ Tasse Rosmarin
½ Tasse Bergamotte
¼ Tasse Lorbeerblätter
½ Tasse Eberraute

Farbige Blüten

¼ Tasse Ringelblumenblüten
½ Tasse Vergißmeinicht

Gewürze

½ Eßlöffel gemahlene Gewürznelken
1 Eßlöffel Piment

Basisnote: Öl zum Fixieren

5 Eßlöffel Sandelholzöl

KULINARISCHES

Aromatische Öle mit Kräutern und Gewürzen verleihen jedem Salatdressing Würze. Man sollte sie kühl und trocken lagern.

FÜR DIE VERWENDUNG in der Küche klassifiziert man die zarten, aromatischen Blätter und Stengel von Pflanzen als Kräuter, während die getrockneten, aromatischen Extrakte von Rinden, Blütenknospen, Früchten, Samen und Wurzeln als Gewürze zusammengefaßt werden. »Fertige Würzmittel« sind meist Gewürze, die nach dem Garen bei Tisch an die Speisen gegeben werden.

Im Handel bekommt man außerdem viele fertige Gewürz- und Kräutermischungen. Glühweingewürz ist zum Beispiel eine Mischung aus Zimt, Piment und Gewürznelken. Für einen guten Fleischzartmacher vermischt man Salz und Papain (ein Ferment aus dem Innern der Papaya). Beim Grillen sollten Sie einmal eine Mischung aus indischen und italienischen Kräutern ausprobieren, um ein besonderes Aroma zu erzielen. Es werden auch ausgefallene, fertige Würzmittelmischungen angeboten. Sie enthalten oft Meersalz und eine Mischung aus bis zu 16 verschiedenen Kräutern und Gewürzen, wie etwa Paprika, Knoblauch und Zwiebeln. Eine Kräutersalzmischung besteht aus Kräutern, die für sechs bis acht Wochen mit Meersalz eingelegt werden, ehe man ihnen mit einer speziellen Überdruckmethode bei niedriger Temperatur die Feuchtigkeit entzieht. Dieses Verfahren bewahrt das natürliche Aroma der Kräuter. Zu den Zutaten von Kräutersalz gehören Sellerieblätter und -knollen, Lauchstangen, Brunnenkresse, Zwiebeln, Schnittlauch, Petersilie, Liebstöckel, Basilikum, Majoran, Rosmarin, Thymian und Kelp. Ein ähnliches Herstellungsverfahren wird für die etwas würzigere Variante verwendet, die außerdem Meerrettich und rote Paprika enthält. Je nachdem, ob Sie es lieber mild oder scharf mögen: Der Markt hält eine große Auswahl bereit.

Die Kunst des Würzens besteht darin, nur soviel Kräuter und Gewürze zu verwenden, daß der Geschmack der Speisen unterstützt, aber nicht völlig überdeckt wird. Gemahlene Gewürze verlieren schnell ihr Aroma und eignen sich nicht für Gerichte mit langer Garzeit. An Eintöpfe oder Suppen gibt man sie deshalb erst während der letzten 20 Minuten vor dem Servieren.

In der Regel benötigt man – um einen ähnlich intensiven Geschmack zu erzielen – doppelt so viele frische wie getrocknete Kräuter. Der Geschmack von frischen und getrockneten Kräutern unterscheidet sich jedoch stark. Zu unterschiedlichen Speisen gehören auch unterschiedliche Kräuter und Gewürze, und genau dies macht das Kochen aufregend und vergnüglich zugleich.

Kräuter kann man zum Einmachen verwenden. Mit einer Kräutermischung entstehen wunderbare Aromen.

Küchenkräuter

Knoblauch (*Allium sativum*) Knoblauch hat ein etwas schärferes Aroma als Zwiebeln. Zum Hacken oder Zerdrücken sollte man kein Holzbrett verwenden, da dieses den Geruch des Knoblauchs annimmt. Verwendet wird Knoblauch für Suppen, Fisch, gebratenes Lamm, Huhn, Fleischeintöpfe und Nudeln. Sehr gut paßt er auch zu Gemüse. Probieren Sie ihn zu Tomaten, grünen Paprikaschoten, Artischocken, Auberginen und Spinat. Ohne Knoblauch wäre eine Vinaigrette nur halb so schmackhaft. Sie können Knoblauch auch an Marinaden geben oder für ofengebackenes Knoblauchbrot mit Butter vermischen.

Schnittlauch (*Allium schoenoprasum*) Schnittlauch entfaltet sein mildes Zwiebelaroma am besten, wenn man ihn in kleine Röllchen schneidet und sofort an die Speisen gibt, damit die aromatischen Öle erhalten bleiben. Probieren Sie ihn zu Gemüse, Fisch, Salaten, gebackenen Kartoffeln und Eiergerichten. Er ergibt eine leuchtendgrüne Garnitur und harmoniert mit gehackter Petersilie. Mit den Blüten kann man Suppen und Pikantes garnieren.

Dill (*Anethum graveolens*) Dill hat einen leichten Anisgeschmack. Die gehackten Blätter gibt man an Salate, Eier- und Gemüsegerichte (besonders gut passen sie zu Zucchini, Tomaten, Rüben und Kohl). Ein Dillzweig ist eine schöne Garnitur für Fisch. Dillsamen kann man für Fischgerichte, gegrilltes Lamm und Schwein, Eintöpfe, Sauerkraut und Kohl verwenden. Dill paßt außerdem zu Käsegerichten.

Engelwurz (*Angelica archangelica*) Engelwurz hat ein intensives Aroma und sollte daher nur sparsam gebraucht werden. Die kandierten Stengel eigen sich zum Dekorieren von Kuchen und Desserts. Blätter und Wurzeln kann man mit Obst dämpfen – als alternatives Süßungsmittel. Gehackte Engelwurz paßt zu Salaten, Glühwein und Fruchtdrinks.

Meerrettich (*Armoracia rusticana*) Meerrettich verströmt einen ähnlich kräftigen und scharfen Duft wie Senf. Die geriebene Wurzel kann man mit Sahne und Essig zu einer Sauce verarbeiten. Man reicht ihn zu Schalentieren und geräuchertem Fisch. Als klassische Beigabe zu Roastbeef soll Meerrettich die Verdauung fördern. Meerrettich paßt unter anderem auch zu Geflügel, Rüben und Tomaten.

Kümmel (*Carum carvi*) Der Geschmack von Kümmel erinnert an Süßholz und ist kräftiger als der von Anis. Ganze Körner kann man für Suppen und Eintöpfe, in Gulasch und Gemüsegerichten verwenden und vor allem für Rot- und Weißkohl, Blumenkohl, Weiße Rüben und Kartoffeln. Für ein besonderes Aroma können Sie etwas Kümmel an eine Roggen- oder Weizenbrotmischung geben. Gemahlenen Kümmel gibt man an Eintöpfe und Gemüse, etwa Zucchini, Bohnen, Kohl, Tomaten, sowie an Kartoffelsalat.

Koriander (*Coriandrum sativum*) Koriander ist eine vielseitige Gewürzpflanze, Blätter wie Samen haben ein sehr ausgeprägtes Aroma. Verwenden Sie eine Handvoll gehacktes, junges Koriandergrün für Suppen, Rindfleischeintöpfe, Geflügelgerichte, Salate, Gemüse und Desserts. Probieren Sie Blätter und Samen zu Currygerichten.

Kurkuma (*Curcuma longa*) Kurkuma besitzt eine charakteristische gelbe Farbe und ein delikates Aroma. Man verwendet sie gemahlen für Fisch und Meerestiere, Currygerichte, Eintöpfe sowie Reis- und Gemüsegerichte. Etwas Kurkuma paßt auch zu selbstgemachten pikanten Saucen und Chutneys.

Fenchel (*Foeniculum vulgare*) Fenchel schmeckt etwas intensiver als Dill und erinnert ebenfalls an Anis. Er paßt besonders gut zu Fisch, vor allem zu fettreichen Arten. Man grillt den Fisch über getrockneten Fenchelzweigen. Fenchelblätter kann man ebenso wie Dill verwenden. Die Samen passen zu Fischbouillon oder als Würze für Brotmischungen.

Ysop (*Hyssopus officinalis*) Ysop schmeckt etwas bitter und ganz leicht nach Minze. Die zarten jungen Blätter passen zu Suppen und fettreicheren Arten. Auch Eintöpfe, Salate, Füllungen und Fruchtcocktails kann man damit verfeinern. Besonders delikat schmecken Blaubeeren, Pfirsiche und Aprikosen mit Ysop.

Wacholderbeeren (*Juniperus communis*) Wacholderbeeren werden in der Regel getrocknet verwendet. Damit sie ihr bitter-süßes Aroma entfalten, kann man sie leicht zerdrücken. Geben Sie einige Wacholderbeeren an Reisgerichte, Saucen, Marinaden und pikante Dips, oder verwenden Sie sie für Wild, Schwein und als würzige Zutat für Füllungen.

Lorbeerblätter (*Laurus nobilis*) Lorbeerblätter sollte man stets zu Beginn des Garens an die Speisen geben. Sie verleihen Suppen und Eintöpfen ein kräftiges, würziges Aroma und passen zu allen Fleischgerichten. Probieren Sie auch die Verwendung für Milchdesserts und Puddings.

Lorbeerblätter sind ein wichtiger Bestandteil eines Bouquet garni. Dafür 1 Lorbeerblatt, 3–4 Petersilienzweige und 1 Thymianzweig (weitere Kräuter nach Belieben) in ein kleines Stück Baumwolltuch binden.

Pfefferminze (*Mentha piperita*) Pfefferminzblätter passen hervorragend zu Salaten oder Desserts und Gelees.

Basilikum (*Ocimum basilicum*) Speisen bekommen durch Basilikum einen pfeffrigen Geschmack. Mit grob zerpflückten Blättern können Sie Suppen, Fisch, Eier und Wild würzen. Geben Sie Basilikum während des Garens an Reis, Gemüse oder Nudeln. Fein gehackte Blätter verfeinern Salatdressings.

Majoran (*Origanum majorana*) Majoran besitzt ein süßwürziges Aroma und ist ein vielseitiges Küchenkraut. Die Blätter kann man hacken und an Suppen, Fleisch-, Geflügel- oder Gemüsegerichte geben. Kartoffeln, Möhren, Kohl und Sellerie schmecken mit etwas Majoran besonders gut. Versuchen Sie ihn auch einmal zu Käse, Eiern und Fisch. Oregano (*Origanum vulgare*) gehört zu derselben Pflanzenfamilie wie Majoran, hat aber einen kräftigeren Geschmack. Die gehackten Blätter gibt man an Salate und Nudelgerichte.

Petersilie (*Petroselinum crispum*) Petersilie ist eines der vielseitigsten Küchenkräuter mit ganz typischem Geschmack. Die Stengel schmecken intensiver als die Blätter, darum sollte man sie in Eintöpfen, Brühen und Marinaden mitverwenden. An ein Bouquet garni gibt man ganze Zweige. Für Suppen, Fisch, Fleisch und Geflügel werden die Blätter gehackt. Petersilie ist eine aromatische Garnitur für fast jedes Gericht.

Rosmarin (*Rosmarinus officinalis*) Das sehr intensive Küchenkraut kann den Geschmack eines Gerichts rasch dominieren. Verwenden Sie ganze Zweige für gebratenes Lamm oder als Füllung für Huhn. Gehackte Blätter eignen sich für Suppen, Fisch, Speck, Schinken und alle Fleisch- oder Wildeintöpfe. Rosmarin paßt gut zu Zucchini, Erbsen, Gemüsepaprika, Kartoffeln und Brotmischungen.

Salbei (*Salvia officinalis*) Salbei hat einen ganz typischen, kräftigen Geschmack. Er ist leicht bitter und paßt gut zu fettreichen Speisen – vielleicht weil er den Gallenabfluß anregt und dadurch die Verdauung fördert. Die gehackten Blätter passen gut zu Schwein, Ente und Würstchen. Geeignete Gemüsesorten sind Tomaten, Gemüsepaprika, getrocknete Bohnen, Auberginen und Zwiebeln. Für Füllungen ist er eine aromatische Würzzutat.

Gewürznelken (*Syzygium aromaticum*) Gewürznelken haben ein unverkennbares scharf-würziges Aroma. Um Suppen und Eintöpfen einen aromatischen Geschmack zu verleihen, fügt man eine mit einer ganzen Nelke gespickte Zwiebel hinzu. Auch Schinken und Rind kann man vor dem Garen mit Gewürznelken spicken. Gemahlen gibt man sie an Fleisch- und Currygerichte. Sie passen gut zu Süßkartoffeln und Chicorée. Gedämpftes Obst und Obstkuchen verlangen geradezu danach. Gemahlene Gewürznelken passen auch zu Kürbiskuchen, und Glühwein bereitet man mit ein paar ganzen Nelken zu.

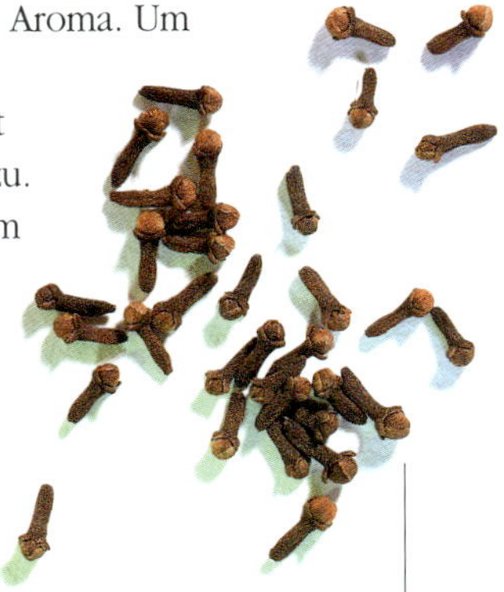

Thymian (*Thymus vulgaris*) Thymian hat ein ausgeprägtes, kräftiges Aroma. Ein Thymianzweig ist Bestandteil eines Bouquet garni und gehört in Brühen und Marinaden. Die gehackten Blätter passen zu Suppen, Fisch und Schalentieren, Fleisch und Geflügel. Das vielseitige Küchenkraut harmoniert mit Rüben, Champignons, Nudeln, Reis, Tomaten, Bohnen und Brotmischungen.

Bockshornklee (*Trigonella foenum-graecum*) Bockshornklee hat einen leicht bitteren Nachgeschmack. Verwenden Sie ihn gemahlen für Gemüse- und Bohnensuppen, Currygerichte, Fleischeintöpfe und selbstgemachte Chutneys.

Ingwer (*Zingiber officinale*) Frischer Ingwer verströmt einen wunderbaren Duft. Das kräftig-scharfe Aroma dieser Gewürzpflanze paßt gut zu chinesischen und indischen Speisen. Getrocknete Ingwerstücke eignen sich für pikante Saucen. Gemahlen streut man ihn zum Beispiel über Melonen und Grapefruits oder gibt ihn an Suppen, Gemüsegerichte und Kuchenmischungen.

Die wichtigsten Küchenkräuter

Wenn Sie in der Küche gern experimentieren und über Kocherfahrung verfügen, ist eine große Auswahl verschiedener Kräuter unerläßlich. Neulinge sollten jedoch erst einmal mit den gebräuchlichsten Küchenkräutern und Gewürzpflanzen beginnen. Probieren Sie zum Beispiel Petersilie, Salbei, Lorbeer, Pfefferminze, Knoblauch, Koriandergrün, Oregano, Gewürznelken und Ingwer. Mit wachsender Erfahrung können Sie diese Auswahl dann immer mehr erweitern.

Wichtige Küchenkräuter

Basilikum	Petersilie
Lorbeerblätter	Pfefferminze
Koriandergrün	Rosmarin
Fenchel	Salbei
Knoblauch	Majoran
Ingwer	Estragon
Oregano	Thymian

DAS KRÄUTER-VERZEICHNIS

Wichtiger Hinweis:

Ehe Sie eine Behandlung mit selbst zusammengestellten Kräutern in Betracht ziehen, sollten Sie auf jeden Fall einen Spezialisten aufsuchen. Die medizinische Verwendung von Kräutern ist nur dann erfolgreich und sicher, wenn diese richtig angewandt werden. Alle Informationen in unserem Handbuch wurden mit größter Sorgfalt zusammengestellt, dennoch können die enthaltenen Hinweise die Anleitungen durch Experten nicht ersetzen.

KRÄUTER- UND PFLANZENNAMEN

SCHAFGARBE

Achillea millefolium

IHREN BOTANISCHEN NAMEN soll die Pflanze dem griechischen Helden Achilles verdanken, denn es heißt, daß er während des Trojanischen Kriegs die Wunden seiner Soldaten mit Schafgarbe heilte.

Innerlich angewandt, fördert Schafgarbe die Durchblutung und senkt den Blutdruck. Sie wirkt schweißtreibend und kann darum erkältungs- und grippebedingtes Fieber senken. Wegen der antiseptischen und entzündungshemmenden Wirkung wird sie bei starken Blutungen eingesetzt. Sie hilft auch bei Durchfall und Ruhr, lindert Verdauungsstörungen, Blähungen und Magenverstimmungen. Äußerlich wendet man Schafgarbe bei kleineren Verletzungen an sowie zur Reinigung und Beruhigung der Haut.

PFLANZENTEILE
- *Blätter und Blüten*

ANWENDUNG
- *Für einen Tee etwa 2 Teelöffel Schafgarbe mit 600 ml kochendheißem Wasser aufgießen und 5 Minuten ziehen lassen.*
- *Äußerliche Anwendung: Breiumschlag bei kleineren Verletzungen und Kratzern.*

HEILWIRKUNG
- *Fördert die Durchblutung*
- *Senkt den Blutdruck*
- *Wirkt fiebersenkend*
- *Wirkt antiseptisch*
- *Wirkt entzündungshemmend*
- *Kann bei Durchfall helfen*
- *Kann Magenverstimmungen lindern*

KÖRPERPFLEGE
- *Die Blüten können für Cremes und Lotionen zur Hautreinigung verwendet werden. Schafgarbe gibt man auch in beruhigende Gesichtswasser für fettige Haut.*

KULINARISCHES
- *Frische, junge Blätter gibt man an Salate.*

ACHTUNG: Schafgarbe kann, über einen längeren Zeitraum angewendet, die Haut reizen. In der Schwangerschaft meiden.

KALMUS

Acorus calamus

DIESE KRAUTPFLANZE verwendet man sowohl zu Heilzwecken als auch in der Küche. Weiche Stücke ihrer Rhizome werden als Zuckerwerk kandiert. Diese Rhizome enthalten ätherische Öle mit einer starken antibiotischen Wirkung. Innerlich angewandt ist Kalmus ein gutes verdauungsförderndes Mittel und hilft bei Bronchitis und Nebenhöhlenentzündung. Zur äußeren Anwendung eignet sich Kalmus bei rheumatischen Gelenk- und Muskelschmerzen. Er wirkt außerdem bei Blähungen und kann bei neuralgiebedingten Muskelkrämpfen helfen.

PFLANZENTEILE

- *Wurzeln, Rhizome, Ölextrakt*

ANWENDUNG

- *Als Tinktur: zweimal täglich 20 Tropfen vor dem Essen einnehmen.*
- *Äußerliche Anwendung: als Kompresse bei Gelenk- und Muskelschmerzen.*

HEILWIRKUNG

- *Hilft bei Bronchitis und Nebenhöhlenentzündung*
- *Lindert Gelenk- und Muskelschmerzen*
- *Kann bei Neuralgien helfen*

KULINARISCHES

- *Herstellung von kandiertem Zuckerwerk*

GEMEINE ROSSKASTANIE

Aesculus hippocastanum

WENN DAS LAUB dieses Baums im Herbst abfällt, hinterläßt es an den Zweigen hufförmige Narben. Seinen Namen verdankt der Baum jedoch dem Umstand, daß man mit den Früchten früher Rinder und Pferde (Rösser) fütterte.

In der Naturheilkunde gibt es für die Roßkastanie zahlreiche Verwendungen. Innerlich angewandt, ist sie harntreibend und wirkt darüber hinaus entzündungshemmend. Sie kann den Austausch der Gewebeflüssigkeit im Körper fördern und somit bei Schwellungen aufgrund schlechter Durchblutung helfen. Die regelmäßige Einnahme eines Roßkastanienextrakts hilft darum bei Gefäßstauungen, die bei Krampfadern auftreten. Die wohltuende Wirkung bei Durchblutungsstörungen belegen Berichte von Patienten, die einen Schlaganfall erlitten haben, an Hautrötung leiden oder anderen Beschwerden, die durch schlechte Durchblutung bedingt sind: Roßkastanie fördert die Versorgung des ganzen Körpers mit sauerstoffangereichertem Blut.

PFLANZENTEILE
- *Rinde und Früchte*

ANWENDUNG
- *Als Tinktur: zweimal tägl. 15–20 Tropfen einnehmen.*
- *Äußerlich: als Creme direkt auf die Krampfadern auftragen.*

HEILWIRKUNG
- *Milde harntreibende Wirkung*
- *Reguliert die Durchblutung*
- *Hilft bei entzündetem Gewebe*
- *Lindert Krampfaderbeschwerden*

KÖRPERPFLEGE
- *Eignet sich für eine Lotion zur besseren Hautdurchblutung.*

KLEINER ODERMENNIG

Agrimonia eupatoria

BEREITS ZU ZEITEN DER Angelsachsen wurde die Pflanze mit den kleinen, gelben Blüten äußerlich zur Wundheilung angewandt. Die Franzosen verwendeten den Kleinen Odermennig im 15. Jahrhundert zu dem gleichen Zweck bei der Behandlung von Schußverletzungen. Diese Heilwirkung verdankt die Pflanze ihren adstringierenden Wirkstoffen, die dafür sorgen, daß sich Wunden schnell schließen und somit die Blutungen nachlassen.

Weitere Arzneiwirkungen der Pflanze beruhen auf den in den Extrakten enthaltenen Bittermitteln. Bittermittel können nicht nur den Gallenabfluß fördern, sie beschleunigen auch den Fluß der Verdauungssäfte. Der Kleine Odermennig wirkt gegen Magenkatarrh, wie er durch Lebensmittelallergien verursacht wird. Äußerlich angewandt kann er außerdem die Symptome von Ekzemen lindern.

PFLANZENTEILE

- *Die ganze Pflanze*

ANWENDUNG

- *Als Tinktur: zweimal täglich 20 Tropfen vor dem Essen.*
- *Als Kompresse bei Ekzemen äußerlich anwenden.*

HEILWIRKUNG

- *Hat als Kompresse eine blutstillende Wirkung*
- *Unterstützt die Leberfunktion und die Verdauung*
- *Kann in bestimmten Fällen bei Lebensmittelallergien helfen*
- *Hilft bei ekzembedingten Hautreizungen*

KÖRPERPFLEGE

- *Die Blätter eignen sich für eine Reinigungsmilch zur Verbesserung des Teints.*

FRAUENMANTEL

Alchemilla xanthochlora

FRÜHER GLAUBTE MAN, die Blätter des Frauenmantels hätten magische Kräfte, und der botanische Name *Alchemilla* spielt auch auf die Verwendung durch die Alchemisten an.

Die Pflanze wurde von jeher bei verschiedenen Frauenleiden eingesetzt. Wegen ihrer adstringierenden und entzündungshemmenden Wirkungen hilft sie vor allem bei unregelmäßigen Blutungen während der Wechseljahre. Aber auch bei Menstruationsbeschwerden wird die Pflanze eingesetzt. Innerlich angewandt, reguliert der Frauenmantel starke oder auch unregelmäßige Regelblutungen. Außerdem dient er der Behandlung und Linderung von Durchfallerkrankungen. Äußerlich angewandt, ist der Frauenmantel ein wirkungsvolles Mittel bei Scheidenausfluß.

PFLANZENTEILE

- *Die ganze Pflanze*

ANWENDUNG

- *Als Tinktur: zweimal täglich 20 Tropfen einnehmen.*
- *Für eine Scheidenspülung 1 Eßlöffel Pulver mit Wasser aufgießen. Abseihen, morgens und abends anwenden.*

HEILWIRKUNG

- *Bekämpft starke Blutungen*
- *Reguliert Regelblutungen*
- *Hilft bei Scheidenentzündungen*
- *Lindert Durchfall*

KÖRPERPFLEGE

- *Die Blätter eignen sich für eine adstringierende Lotion bei fettiger Haut.*

KNOBLAUCH

Allium sativum

Es scheint kein Tag zu vergehen, ohne daß man eine weitere nützliche Eigenschaft des Knoblauchs entdeckt. Die Ägypter verehrten diese Gewürzpflanze sogar und gaben sie ihren Sklaven zu essen, damit sie gesund und kräftig blieben.

Innerlich angewandt, schützen die ätherischen Öle des Knoblauchs die Lungen vor Infektionen. Nach der Behandlung von Lungenentzündung, Bronchitis und Asthma sollte man zur Prävention täglich Knoblauch einnehmen. Das Risiko von Herzerkrankungen durch Cholesterinablagerungen kann man durch die regelmäßige Einnahme reduzieren: Es konnte nachgewiesen werden, daß nach der Einnahme von Knoblauch »gefährliches« Cholesterin (Lipoprotein niedriger Dichte [LDL]) reduziert wird und »nützliches« Cholesterin (Lipoproteine hoher Dichte [HDL]) zunimmt. Gleichzeitig wird die Anzahl der Blutplättchen (Blutkörperchen, die Blutgerinnsel bilden können) beträchtlich reduziert.

Knoblauch wirkt stark antibakteriostatisch. Auch Pilzinfektionen werden durch Knoblauch eingedämmt. Studien haben ergeben, daß Knoblauch krebshemmende Substanzen enthält, doch ist dies noch ein neues Forschungsgebiet.

Viele Heilwirkungen verdankt der Knoblauch seinen aromatischen Ölen, darum sollten Sie möglichst keine desodorierten Präparate verwenden.

Aïoli ist eine klassische französische Spezialität aus der Provence, wo sie »beurre de Provence« heißt.

PFLANZENTEILE

- *Zwiebeln*

ANWENDUNG

- *Täglich 2 oder 3 Knoblauchkapseln zu den Mahlzeiten einnehmen.*
- *Als Tinktur: täglich 1 oder 2 Teelöffel einnehmen.*
- *Zur äußeren Anwendung zu einer Paste zerdrücken und auf die jeweiligen Stellen auftragen.*

HEILWIRKUNG

- *Schützt vor Herzerkrankungen*
- *Senkt den Cholesterinspiegel (LDL)*
- *Kann den Blutdruck senken*
- *Wirkt bakteriostatisch*
- *Tötet Pilze ab*
- *Hilft bei Infektionen der Atemwege*
- *Besitzt möglicherweise krebshemmende Wirkungen*
- *Schützt vor Blutgerinnseln*

KULINARISCHES

- *Gegrillte Knollen sind süß und mild. Für die Knoblauchsauce Aïoli werden 6–12 Zehen mit etwas Salz püriert.*

ACHTUNG: Wird Knoblauchpaste äußerlich angewandt, diese nicht mit einem Pflaster abdecken, da die Öle Hautverbrennungen verursachen können. Wenn Sie mehr als fünf Zehen auf einmal essen, kann es zu Magenverstimmungen kommen.

SCHNITTLAUCH

Allium schoenoprasum

VOR ÜBER 5000 Jahren wurde dieses Liliengewächs in China entdeckt. Heute bekommt man das sehr verbreitete Küchenkraut in jedem Lebensmittelgeschäft.

Schnittlauch enthält viel Vitamin C und Eisen. Darum gilt er auch als äußerst nahrhaft und ist für die Blutbildung wertvoll. Schnittlauch regt außerdem den Appetit an und kann die Verdauung fördern.

PFLANZENTEILE

Blätter

ANWENDUNG

Essen Sie täglich einige Blätter des Krauts.

HEILWIRKUNG

Erhöht die Eisenwerte des Bluts und hilft bei Anämie

Regt den Appetit an und fördert die Verdauung

KULINARISCHES

Wird in Salaten, Suppen und Omeletts verwendet. Er eignet sich auch als Garnitur und für Dressings. Für eine Schnittlauch-Zitronen-Vinaigrette eine Knoblauchzehe mit einer Prise Salz zerdrücken. Die fein abgeriebene Schale einer Zitrone, 60 ml frischen Zitronensaft und 1½ Teelöffel Senf hinzufügen und alles glattrühren. Nach und nach

60 ml Olivenöl zugießen, bis eine cremige Vinaigrette entsteht. 2 Teelöffel klein geschnittenen Schnittlauch dazugeben und mit Salz und Pfeffer würzen.

ECHTE ALOE

Aloe vera

DIE ECHTE ALOE ist eine alte Heilpflanze. Der Leichnam Christi wurde in Leinen gewickelt, das mit Aloe und Myrrhe getränkt war.

Die Blätter enthalten ein besonderes Gel, das in Kosmetikartikeln als natürlicher Feuchtigkeitsspender für die Haut dient. Trägt man den Pflanzensaft auf die Haut auf, kann er kleinere Verbrennungen, Sonnenbrände, Insektenstiche und mitunter auch Ekzeme lindern.

Innerlich angewandt wird der Saft bei Verdauungsstörungen und Magenkatarrh. Man kann ihn als Fertigprodukt kaufen oder mit der stumpfen Seite eines Messers aus den Blättern kratzen. Neben weiteren Heilwirkungen soll die Echte Aloe auch abführend wirken und den Appetit anregen.

PFLANZENTEILE
- *Blätter mit dem Pflanzensaft*

ANWENDUNG
- *Zweimal täglich 1 Eßlöffel Saft einnehmen.*
- *Für die äußere Anwendung: als Creme oder Lotion nach Bedarf auf die Haut auftragen.*

HEILWIRKUNG
- *Macht die Haut geschmeidig*
- *Fördert die Wundheilung*
- *Lindert Magenkatarrh*
- *Wirkt abführend*
- *Heilt Sonnenbrände*

KÖRPERPFLEGE
- *Eignet sich für Lotionen und Cremes zur Beruhigung gereizter und entzündeter Haut.*

ACHTUNG: In der Schwangerschaft die Einnahme meiden. Bei schwereren Verbrennungen einen Arzt aufsuchen.

EIBISCH

Althaea officinalis

EIBISCH WURDE bereits von den Griechen im 9. Jahrhundert v. Chr. verwendet und ist eine bevorzugtes Heilmittel bei Erkältungen und Infektionen im Brustbereich wie auch bei Husten und Halsschmerzen. Seine schmerzstillende Wirkung kann bei Magenkatarrh und Darminfektionen, vor allem bei Dickdarmentzündungen, helfen. Durch Magengeschwüre entstehende Beschwerden werden durch Eibisch gelindert, der in Verbindung mit Süßholz ein sehr wirksames Mittel gegen Geschwüre ist. Erkrankungen der Atemwege, wie Asthma und Bronchitis, können nach Patientenberichten durch Eibisch ebenfalls gelindert werden. Die geschälten und gewaschenen Wurzeln kann man Kleinkindern, die zahnen, zum Kauen geben. Äußerlich angewandt, fördert Eibisch auch die Heilung von Abszessen.

PFLANZENTEILE

- *Blätter und Wurzeln*

ANWENDUNG

- *Nach den Mahlzeiten 2 oder 3 Tabletten (100 mg) des getrockneten Extrakts einnehmen.*
- *Äußerlich als Breiumschlag bei Abszessen anwenden.*

HEILWIRKUNG

- *Lindert Beschwerden bei Magenkatarrh und Dickdarmentzündung*
- *Fördert die Heilung von Magen- und Hautgeschwüren*
- *Fördert die Genesung bei Infektionen im Brustbereich*
- *Lindert Asthma- und Bronchitisbeschwerden*
- *Unterstützt das Zahnen bei Kleinkindern*

DILL

Anethum graveolens

Dill ist ein beliebtes Küchenkraut und wurde von den Ärzten schon zu Zeiten der Ägypter und Römer medizinisch genutzt. Die Bezeichnung »Dill« ist von dem altsächsischen Wort »dilla« abgeleitet, das »beruhigen« bedeutet.

Innerlich angewandt, kann Dill bei Magenverstimmung und Übelkeit helfen. Er wirkt krampflösend, appetitanregend, verdauungsfördernd und lindert Blähungen. Säuglingen kann man Dill gegen Koliken verabreichen. Dillsamen können beruhigend wirken, und kaut man sie, verleihen sie einen frischen Atem. Dill kann die Milchbildung stillender Mütter fördern.

Wird er äußerlich angewandt, lindert Dill Muskelspannungen und er kräftigt die Fingernägel.

Pflanzenteile

- *Blätter und Samen*

Anwendung

- *Für Dillwasser 250 ml Wasser mit 2 Prisen Dillsamen zum Kochen bringen. Wenn sich das Wasser verfärbt, noch 1 weitere Minute kochen lassen. Abseihen und vor dem Trinken abkühlen lassen. Im Kühlschrank aufbewahren.*
- *Für einen Tee 2 Teelöffel zerstoßene Dillsamen in 250 ml kochendheißes Wasser geben und 5 Minuten ziehen lassen. Um Blähungen zu lindern, 1 Tasse vor dem Essen trinken.*
- *Äußerlich als Kompresse bei Muskelspannungen anwenden.*
- *Zur Kräftigung der Fingernägel einen Aufguß aus Dillsamen äußerlich anwenden.*

Heilwirkung

- *Lindert Übelkeit*
- *Fördert die Verdauung*
- *Hilft bei Koliken*
- *Fördert die Milchbildung stillender Mütter*
- *Lindert Muskelspannungen*
- *Kräftigt die Fingernägel*

Kulinarisches

- *Die frischen Blätter passen zu Salaten, Geflügel und Fisch. Mit Dill eingelegtes Gemüse wird auch sehr geschätzt.*

ENGELWURZ

Angelica archangelica

Der Legende nach war Engelwurz einst ein Heilmittel gegen die Pest, was ihr in der traditionellen Kräuterheilkunde zu dem Ruf verhalf, vor dem Bösen zu schützen.

Engelwurz scheint sich positiv auf die Durchblutung auszuwirken und den Austausch von Gewebeflüssigkeit zu fördern. Zur Behandlung von Menstruationsbeschwerden und Flüssigkeitsretention im Gewebe gibt es keine bessere Heilpflanze. Die Arzneiwirkungen der Engelwurz führen zu einer beträchtlichen Linderung von Rheuma- und Arthritisbeschwerden. Dieser Effekt wird möglicherweise durch die Beseitigung entzündlicher Stoffe im Gewebe erzielt. Engelwurz lindert darüber hinaus auch die Symptome von Blasenkatarrh.

In Verbindung mit Römischer Kamille (*Chamaemelum nobile*) hilft sie bei Magenverstimmungen, Magengeschwüren und Migräne. Für ein wirkungsvolles Mittel gegen Bronchitis und Stauungslunge kann man sie mit Schafgarbe (*Achillea millefolium*) kombinieren. Ein Aufguß kann bei Erkältungen und Grippe schleimlösend wirken.

Kandierte Engelwurz

PFLANZENTEILE

- *Blätter, Samen, Stengel und Wurzeln*

ANWENDUNG

- *Als Tinktur: zwei- oder dreimal täglich 20 Tropfen einnehmen.*
- *Für einen Aufguß: 1 Eßlöffel getrocknete Engelwurz in 500 ml kochendheißem Wasser ziehen lassen.*

HEILWIRKUNG

- *Lindert Rheuma- und Arthritisbeschwerden*
- *Wirkt bei Magenverstimmung beruhigend*
- *Wirkt bei Menstruationsbeschwerden krampflösend*
- *Lindert die Symptome von Blasenkatarrh*
- *Wirkt bei Entzündungen der Atemwege schleimlösend*

KULINARISCHES

- *Die Blätter der Engelwurz verleihen einem Salat ein frisches Aroma. Kandierte Engelwurz paßt zu Kuchen und Nachspeisen und kann problemlos selbst hergestellt werden. Dafür die Stengel in einem Topf mit kochendem Wasser garen, bis sie so weich sind, daß die äußeren Schalen entfernt werden können. Die geschälten Stengel wieder in den Topf geben und das Wasser erneut aufkochen. Abkühlen lassen, und mit der gleichen Menge Zucker (in Gramm) bedecken und 2 Tage stehen lassen. Danach nochmals aufkochen. Die Stengel mit Puderzucker bestreuen und im Backofen bei 100 °C vollständig austrocknen lassen. Luftdicht aufbewahren.*

ACHTUNG: Engelwurz in der Schwangerschaft meiden, da große Mengen den Blutdruck stark erhöhen können. Menschen mit hohen Blutdruck sollten ebenfalls darauf verzichten. Bei manchen Menschen kann Engelwurz Hautreizungen und Sonnenallergien auslösen.

RÖMISCHE KAMILLE

Chamaemelum nobile

BEREITS DIE ÄGYPTER erwähnten in ihren Schriften die Verwendung von Kamille. Sie ist somit eine weitere traditionsreiche Heilpflanze.

Seit Jahrhunderten verwendet man Kamille, um die Nerven zu beruhigen und den Schlaf zu fördern. Innerlich angewandt, lindert sie Magenverstimmungen und Menstruationsbeschwerden sowie Muskelschmerzen und Reiseübelkeit, denn sie ist ein hervorragendes Antispasmodikum. Kamillentee trinkt man bei Schnupfen und bei leichtem erkältungs- und grippebedingtem Fieber. Eine Tinktur hilft vor allem Kleinkindern bei schmerzhaftem Zahnen, da Kamille natürliche schmerzstillende Wirkstoffe enthält. Die Einnahme ist für Kinder ungefährlich. Kamille ist ein hervorragendes Antiseptikum und lindert die Beschwerden von Harnwegsinfektionen und Blasenkatarrh. In diesem Fall kann man reichlich Kamillentee trinken, ein Kamillensitzbad nehmen oder heiße Kompressen auf den Unterbauch legen. Sie ist ein mildes harntreibendes Mittel, das die Flüssigkeitsretention im Gewebe reduziert und darum mitunter auch das prämenstruelle Syndrom lindert. Als gutes Antidepressivum kann Kamille bei Angstzuständen helfen. Eine Aromatherapie kann bei Depressionen wirksam sein.

Äußerlich wendet man Kamille zur schnellen Linderung von Sonnenbränden an, sowie bei Hämorrhoiden, Hautverletzungen und -geschwüren und Brustdrüsenentzündung. Sie soll außerdem das Immunsystem stärken.

Römische Kamille (Chamaemelum nobile)

PFLANZENTEILE

❦ *Blüten und ätherisches Öl*

ANWENDUNG

❦ *Als Tinktur: zweimal täglich 15–20 Tropfen einnehmen.*

❦ *Als Tee: nach Packungsanweisung zubereiten.*

❦ *Für eine Aromatherapie: 6 Tropfen ätherisches Öl und 2 Teelöffel Mandelöl vermischen und wie gewohnt einreiben.*

❦ *Äußerlich als Creme oder Kompresse anwenden.*

HEILWIRKUNG

❦ *Beruhigt die Nerven*

❦ *Hilft bei Entzündungen, vor allem bei Magenkatarrh, und lindert Blähungen*

❦ *Hilft bei schmerzhaftem Zahnen*

❦ *Lindert Schnupfen*

❦ *Hilft bei Hautreizungen und Schürfwunden*

❦ *Hilft bei Menstruationsbeschwerden*

KÖRPERPFLEGE

❦ *Kamille eignet sich für eine Reinigungsmilch bei trockener, rissiger Haut, für ein Shampoo für blondes Haar sowie für eine Handcreme. Ein Bad mit einigen Tropfen Kamillenöl wirkt entspannend.*

ACHTUNG: Meiden Sie das ätherische Öl in der Schwangerschaft, da es die Menstruation herbeiführen kann.

BLEICHSELLERIE

Apium graveolens var. dulce

IM GRAB VON Tutanchamun (etwa 1370–1352 v. Chr.) fand man Spuren von Sellerie. Seit es schriftliche Zeugnisse menschlicher Existenz gibt, ist auch die Verwendung des Selleries als Nahrungsmittel und Gewürz dokumentiert.

Sellerie kann, vermutlich wegen seiner harntreibenden Wirkung, den Blutdruck senken. Bei Blasenentzündung, Gicht und Arthritis hat sich die Behandlung mit Sellerieextrakten bewährt. Äußerlich angewandt, hilft er bei Pilzinfektionen, und das Trinken von Selleriesaft soll die Menstruation herbeiführen. In der Schwangerschaft ist er deshalb zu meiden.

PFLANZENTEILE

- *Die ganze Pflanze*

ANWENDUNG

- *Täglich 150 ml frischen Selleriesaft trinken (am besten 50:50 mit Wasser verdünnt).*
- *Täglich 5 Tropfen Ölextrakt in 150 ml Wasser einnehmen.*
- *Für die äußere Anwendung: 6 Tropfen ätherisches Öl und 2 Teelöffel Mandelöl vermischen und bei Pilzinfektionen die Stellen zweimal täglich einreiben.*

HEILWIRKUNG

- *Wirkt harntreibend*
- *Hat entzündungshemmende Wirkungen*
- *Führt die Menstruation herbei*
- *Lindert die Symptome von Arthritis*

KULINARISCHES

- *Bleichsellerie kann man gewaschen roh verzehren.*

ACHTUNG: Konzentrierte Extrakte und Tinkturen in der Schwangerschaft meiden.

GROSSE KLETTE

Arctium lappa

DIESE PFLANZE BESITZT süße Wurzeln und bittere Blätter. Ihre Wurzeln enthalten einen Pflanzenschleim, der eine beruhigende und entzündungshemmende Wirkung auf den Magen hat.

In der Kräuterheilkunde wurde die Große Klette traditionell zur Behandlung von Schuppenflechte, Ekzemen, Rheuma und Gicht eingesetzt. In der chinesischen Medizin glaubte man an ihre Heilwirkungen bei Lungen- und Halsentzündung. Sie ist außerdem ein mildes Diuretikum und wirkt bei chronischen Leiden wie Arthritis entgiftend. Äußerlich angewandt, lindert sie Ekzeme oder Hautinfektionen.

PFLANZENTEILE

- *Wurzeln, Stengel und Samen*

ANWENDUNG

- *Als Tinktur: zweimal täglich 15 Tropfen einnehmen.*
- *Äußerlich als Creme oder Breiumschlag anwenden.*

HEILWIRKUNG

- *Milde harntreibende Wirkung*
- *Wirkt entgiftend*
- *Lindert Hautreizungen*
- *Hilft bei rheumabedingter Muskelstarre*
- *Reguliert den Blutzuckerspiegel*
- *Unterstützt das Immunsystem*

KULINARISCHES

- *Die Wurzeln kann man wie Möhren garen. Die Stiele der jungen Blätter können abgeschabt und roh verzehrt werden.*

BÄREN-TRAUBE

Arctostaphylos uva-ursi

Das Bakterium *E. coli* reagiert sehr empfindlich auf die in der Bärentraube enthaltenen Stoffe. Dank des antibakteriellen Wirkstoffs Arbutin ist diese Pflanze bei der Behandlung von Harnwegsinfektionen, vor allem bei Blasenkatarrh, von besonderer Bedeutung: Neben den antibiotischen besitzt die Pflanze auch harntreibende Eigenschaften, die bei der Bekämpfung des Infektionserregers helfen. Ihre adstringierende Wirkung kann zudem bei leichteren Infektionen der Vagina Linderung bringen.

PFLANZENTEILE

- *Blätter*

ANWENDUNG

- *Täglich 2 Tabletten (100 mg) der getrockneten Pflanze.*
- *Für eine Scheidenspülung 1 Teelöffel der getrockneten Pflanze mit Wasser aufgießen, abseihen und anwenden.*

HEILWIRKUNG

- *Lindert die Symptome von Harnwegs- und leichter Niereninfektion*
- *Wirkt harntreibend*
- *Hilft bei leichteren Infektionen der Vagina*
- *Lindert die Symptome von Blasenkatarrh*

MEERRETTICH

Armoracia rusticana

DIESE HÖCHST AROMATISCHE Gewürzpflanze enthält Öle, die bei Mikrobeninfektionen helfen können, und durch die Ausscheidung der ätherischen Öle hat sie schweißtreibende Eigenschaften und wirkt so fiebersenkend. Meerrettich ist ein hervorragendes Mittel gegen Lungeninfektionen, denn bei der Ausscheidung der enthaltenen Öle über die Lunge werden deren antibakterielle Eigenschaften wirksam. Er wirkt außerdem harntreibend, fördert aber vor allem die Verdauung. Ein Breiumschlag aus Meerrettich wird traditionell bei Infektionen angewandt, vor allem im Brustbereich zur Behandlung von Rippenfellentzündung. Auch hier bekämpfen die Wirkstoffe des Meerrettichs nachhaltig die Infektion.

PFLANZENTEILE

- *Blätter und Wurzeln*

ANWENDUNG

- *Äußerlich als Breiumschlag. Dafür die geriebene Wurzel mit einer Mehl-Wasser-Mischung zu einer Paste verarbeiten, auf die Stelle auftragen und abdecken.*
- *Als Tinktur: zweimal täglich nach den Mahlzeiten 20 Tropfen.*
- *Bei Erkältung: die geriebene Wurzel mit Honig und heißem Wasser vermischen und einnehmen.*

HEILWIRKUNG

- *Milde harntreibende Wirkung*
- *Reinigt die Lungen*
- *Hemmt Bakterienwachstum*
- *Wirkt gegen Infektionen*
- *Fördert die Verdauung*

KULINARISCHES

- *Probieren Sie die frischen Blätter in Salaten oder zu geräuchertem Fisch. Meerrettichsauce paßt zu Roastbeef.*

ARNIKA

Arnica montana

IM 18. JAHRHUNDERT erlangte die Arnika den Ruf eines Allheilmittels. Obwohl dabei stark übertrieben wurde, nimmt Arnika in der heutigen Kräutermedizin immer noch einen besonderen Platz ein. Die Pflanze treibt große, gelbe Einzelblüten, die den ganzen Sommer über blühen. Ihre Blätter werden während der Wachstumssaison gepflückt. Jüngste Studien empfehlen, auf die innere Anwendung zu verzichten. Die äußere Anwendung von Arnika ist bei uns allerdings sehr verbreitet. Bei fachkundiger Anleitung kann sich auch die kurzzeitige Einnahme bei Herzproblemen als hilfreich erweisen.

Wird Arnika auf die Haut aufgetragen, zeigt sie erstaunliche Heilwirkungen. Die Heilung von Quetschungen, Schnitt- und Schürfwunden wird durch Arnikacreme gut gefördert. Auch bei Sportverletzungen wirkt sich ein Arnikapräparat sehr positiv aus. Einreibemittel mit Arnika eignen sich für die Behandlung von Muskelrheumatismus und Arthritis.

PFLANZENTEILE

- *Blätter*

ANWENDUNG

- *Die innere Anwendung sollte nur unter fachkundiger Anleitung geschehen; homöopathische Präparate gelten allerdings als unbedenklich. Nehmen Sie dreimal täglich etwa eine halbe Stunde vor den Mahlzeiten 5–10 Tropfen einer vier- oder sechsfach konzentrierten Tinktur ein. Stets nur mit Wasser einnehmen.*
- *Bei der äußeren Anwendung die Anleitung des Herstellers beachten.*

HEILWIRKUNG

- *Wirkt gegen entzündliches Gewebe*
- *Fördert den Heilungsprozeß*
- *Hilft bei Muskelkrämpfen und entzündeten Gelenken*
- *Lindert Hautreizungen*

KÖRPERPFLEGE

- *Für Cremes zur Förderung der Hautdurchblutung.*

ACHTUNG: In der Schwangerschaft meiden. Nur unter fachkundiger Anleitung innerlich anwenden: Eine zu starke Dosis kann gefährlich sein. Die äußere Anwendung kann zu Hautreizungen führen. Niemals auf verletzte Haut auftragen.

EBERRAUTE

Artemisia abrotanum

DIE VERWENDUNG DER Eberraute läßt sich bis ins alte China zurückverfolgen, wo sie zur Behandlung entzündeter oder verbrannter Haut äußerlich angewandt wurde. Sie schmeckt sehr bitter, und ihre Wirksamkeit beruht auf der hohen Konzentration adstringierender Wirkstoffe in den Pflanzenextrakten.

Die Eberraute stärkt das Verdauungssystem und fördert den Gallenabfluß sowie den Fluß der Verdauungssäfte. Die Uterusmuskulatur kann durch die pflanzliche Substanz stark angeregt werden, und der Extrakt führt mitunter die Menstruation herbei. Er darf darum niemals in der Schwangerschaft eingenommen werden. Eberraute soll bei Kindern gegen Würmer helfen.

PFLANZENTEILE
- *Blätter*

ANWENDUNG
- *Als Tinktur: täglich 20 Tropfen einnehmen.*
- *Äußerlich als Kompresse bei Hautreizungen anwenden.*

HEILWIRKUNG
- *Fördert die Verdauung*
- *Fördert Gallenabfluß, also die Verdauung von Fett*
- *Lindert Menstruationsbeschwerden*
- *Lindert Hautreizungen*
- *Wirkt gegen Würmer bei Kindern*

ACHTUNG: In der Schwangerschaft meiden.

TRAGANT

Astragalus membranaceus

BEREITS DIE CHINESEN wußten diese Pflanze zu schätzen und mischten sie vielen Medikamenten bei. Sie hat einen süßen Geschmack und wurde in der traditionellen Medizin zur Unterstützung des Immunsystems sowie der Lunge, Leber und Milz eingesetzt. Sie fördert die Durchblutung und stärkt das Herz. Nach Berichten soll sie außerdem den Blutdruck senken und den Blutzuckerspiegel regulieren.

Es wird auch empfohlen, die Heilpflanze während einer Chemotherapie anzuwenden, da sie das Immunsystem stärkt. Doch erfordert dies die Zusammenarbeit von Kräuterspezialist und Arzt und sollte nicht ohne fachkundige Anleitung geschehen.

PFLANZENTEILE

- *Wurzel*

ANWENDUNG

- *Als Tinktur: täglich 15–20 Tropfen einnehmen.*

HEILWIRKUNG

- *Wirkt allgemein belebend*
- *Kann den Blutzuckerspiegel senken*
- *Unterstützt das Immunsystem*
- *Fördert den Gallenabfluß und unterstützt die Leberfunktion*
- *Kann den Blutdruck senken*

HAFER

Avena sativa

HAFER KANN SOWOHL als Nahrungsmittel als auch als Heilkraut betrachtet werden. Er enthält viele Vitamine (vor allem Vitamin E), Kohlenhydrate und Protein.

Von seinen Inhaltsstoffen profitieren Herz, Nerven und Thymusdrüse. Aufgrund des hohen Silikongehalts ist Hafer vor allem bei hohem Cholesterinspiegel zu empfehlen. Er ist ein gutes Mittel gegen allgemeine Erschöpfungszustände, ein nahrhaftes Nerventonikum und kann sogar bei Depressionen helfen. Hafer ergibt bei Ekzemen einen wirksamen Breiumschlag, der Entzündungen lindert.

PFLANZENTEILE
- *Samen*

ANWENDUNG
- *Als Tinktur: zweimal täglich 25 Tropfen einnehmen.*
- *Äußerlich als Breiumschlag. Dafür den Hafer mit etwas heißem Wasser zu einer dicken Masse verrühren und auftragen.*

HEILWIRKUNG
- *Wirkt als Herz- und Nerventonikum*
- *Senkt den Cholesterinspiegel*
- *Kann bei Depressionen helfen*
- *Lindert die Symptome von Ekzemen*

KÖRPERPFLEGE
- *Hafermehl als Gesichtsmaske wirkt hautreinigend.*

KULINARISCHES
- *Schmackhaft ist gekochter Haferbrei, beliebte Müslizutat.*

BORRETSCH

Borago officinalis

DAS BELIEBTE Küchenkraut steht in dem Ruf, die Stimmung zu heben. Die dafür verantwortlichen Inhaltsstoffe sind nicht genau bekannt, doch bereits seit 1597, als John Gerard den Borretsch in sein Buch *The Herball or Generall Historie of Plantes* aufnahm, rühmt man ihn als »Muntermacher«. So heißt es in diesem Buch über Borretsch: »Er vertreibt die Sorgen und beschert Fröhlichkeit«. Damals wurde aus Blättern und Blüten häufig Wein bereitet, den man Männern und Frauen verabreichte, um sie »froh und glücklich« zu machen. Borretsch enthält reichlich Gamma-Linolsäure – sogar mehr als das Öl des Schinkenkrauts (*Oenothera biennis*) –, das Menstruationsbeschwerden lindert. Borretschtee soll darüber hinaus Fieber senken, ist ein hervorragendes Diaphoretikum und darum das ideale Erkältungs- und Grippemittel.

PFLANZENTEILE

Blätter, Blüten, Öl und Samen

ANWENDUNG

- *Als Tinktur: zweimal täglich 15–20 Tropfen einnehmen.*
- *Man kann eine Dosis von 500 mg Borretschöl täglich einnehmen.*
- *Für einen Tee etwa 2 Teelöffel Borretsch in 600 ml kochendheißes Wasser geben und 5 Minuten ziehen lassen.*

HEILWIRKUNG

- *Hebt die Stimmung*
- *Lindert prämenstruelle Beschwerden*
- *Hilft bei Dermatitis und anderen Hautreizungen, etwa Ekzemen*
- *Wirkt fiebersenkend*

KULINARISCHES

- *Gehackter Borretsch paßt zu Gemüse- und Nudelgerichten oder als Garnitur zu Salaten.*

RINGELBLUME

Calendula officinalis

DIE RINGELBLUME ist eine traditionsreiche Heilpflanze. Ursprünglich diente sie als Stoff-Farbe, Nahrungs- und Körperpflegemittel, doch viele der enthaltenen Öle besitzen Arzneiwirkungen. Äußerlich angewandt, lindert die Ringelblume Hautentzündungen und Sonnenbrände und fördert die Wundheilung. Sie kann auch bei verletzten Brustwarzen stillender Mütter eingesetzt werden. Das Öl lindert Ohrenschmerzen.

Die innere Anwendung kann bei Magengeschwüren und Magenkatarrh helfen. Studien bestätigten auch die wirksame Behandlung von Menstruationsbeschwerden.

PFLANZENTEILE

- *Blütenblätter*

ANWENDUNG

- *Als Tee: die Angaben des Herstellers beachten.*
- *Als Tinktur: zweimal täglich 15 Tropfen einnehmen.*
- *Als Creme, Kompresse oder Breiumschlag bei Wunden und Hautentzündungen anwenden.*

HEILWIRKUNG

- *Wirkt gegen Entzündungen*
- *Lindert Menstruationsbeschwerden*
- *Hilft bei Hautreizungen und -verletzungen, etwa leichteren Verbrennungen*
- *Lindert Ohrenschmerzen*

KÖRPERPFLEGE

- *Eignet sich für eine Creme für trockene und gereizte Haut sowie Wunden oder verletzte Brustwarzen.*
- *Ein Bad mit den Blütenblättern reinigt und beruhigt die Haut.*

CAYENNEPFEFFER

Capsicum frutescens

SEIT MAN WEISS, daß Cayennepfeffer die Schmerzempfindlichkeit mindert, zollt man ihm große Aufmerksamkeit. Cayennepfeffer kann die Nerven überreizen, und dadurch werden jene Stoffe verbraucht, die Informationen an das Gehirn leiten: Die Nerven sind nicht mehr in der Lage, dem Gehirn Schmerzen zu melden. Mit Cayennepfeffer behandelt man (äußerlich mit Creme) chronische Schmerzen, etwa bei der Nachbehandlung von Gürtelrose oder bei Knochen- und Gelenkentzündungen. Er enthält sehr viele Vitamine, vor allem den Vitamin-B-Komplex und mehr Vitamin C als eine Orange.

Cayenne-Chillies wirken sich positiv auf die Fettwerte im Blut aus, da sie Lipoprotein niedriger Dichte (gefährliches Cholesterin) und Triglyceride abbauen. Sie regen die Durchblutung an, können zur Behandlung von Krampfadern eingesetzt werden sowie bei Asthma und Rippenfellentzündung. Sie regen die Adrenalinproduktion an und befreien die Atemwege. Die Anwendung sollte nur unter fachlicher Anleitung erfolgen.

PFLANZENTEILE

- *Früchte*

ANWENDUNG

- *Zu den Mahlzeiten 1 oder 2 Tabletten (100 mg) einnehmen.*
- *Täglich als Creme auftragen, aber nicht länger als 1 Monat.*

HEILWIRKUNG

- *Lindert Schmerzen bei chronischen Neuralgien (äußerlich angewandt)*
- *Lindert Schmerzen bei Knochen- und Gelenkentzündung*
- *Fördert die Verdauung*
- *Fördert die Durchblutung*
- *Schützt das Herz vor gefährlichen Cholesterinwerten*
- *Kann bei Rippenfellentzündung helfen*
- *Lindert Beschwerden durch Krampfadern*

ACHTUNG: Nicht auf verletzte Haut auftragen.

PAPAYA

Carica papaya

Die Papaya liefert die beste natürliche Verdauungshilfe: Das in den Früchten und dem Baum enthaltene Enzym Papain ist ein hervorragendes eiweißspaltendes Ferment. Wenn Sie nach dem Essen ein Völlegefühl empfinden, sollten Sie Papaya ausprobieren.

Papaya ist auch ein äußerst bewährtes Mittel gegen Darmwürmer (Faden- und Spulwürmer). Das enthaltene Papain kann die Wundheilung fördern und Narbengewebe weich machen.

Pflanzenteile

- *Blätter, Früchte, Samen, Saft*

Anwendung

- *Für eine Wurmkur täglich 2 Tabletten (50 mg) einnehmen.*
- *Zur Förderung der Verdauung während der Mahlzeiten je 1 Tablette einnehmen oder nach dem Essen Papayasaft trinken.*

Heilwirkung

- *Fördert die Verdauung*
- *Hilft bei Blähungen*
- *Bekämpft Würmer*

KÜMMEL

Carum carvi

SEINEN UNVERKENNBAREN Duft verdankt der Kümmel der hohen Konzentration eines starken ätherischen Öls, das insgesamt 40–60 Prozent der in den Samen enthaltenen Öle ausmacht. Kümmel ist ein bekanntes Mittel zur Linderung von Koliken bei Säuglingen und Blähungen bei Erwachsenen. Diese Eigenschaften lassen sich auf seine krampflösende Wirkung auf die Muskelwände der Därme zurückführen. Ein Kräutertee, versetzt mit einigen Kümmelkörnern, unterstützt die Bekämpfung von Erkältungen und lindert grippale Infekte. Darüber hinaus fördert Kümmel die Milchbildung stillender Mütter.

PFLANZENTEILE

Samen, Blätter, Wurzeln und Ölextrakt

ANWENDUNG

An einen Kräutertee 1 Prise Kümmelkörner geben.

Zur Behandlung von Koliken bei Säuglingen bei jedem Füttern 2 oder 3 Tropfen eines entsprechenden Kümmelpräparats geben.

HEILWIRKUNG

Lindert Koliken bei Säuglingen

Bei Blähungen, fördert die Verdauung von Erwachsenen

Wirksam bei Erkältungen, Grippe und Bronchitis

Fördert die Bildung von Muttermilch

KULINARISCHES

Paßt zu Käsefondue, Brotmischungen, Gulasch und Linsen.

TAUSENDGÜLDENKRAUT

Centaurium erythraea

TAUSENDGÜLDENKRAUT WÄCHST an sehr trockenen und grasbewachsenen Stellen in großer Fülle und besitzt ein unverwechselbares Aussehen.

Alle Teile dieser bitter schmeckenden Pflanze werden in der Kräutermedizin genutzt, vor allem aber die Stengel. Ein flüssiger Extrakt des Tausendgüldenkrauts schmeckt auch dann noch bitter, wenn er 3500fach verdünnt wurde!

Die Heilpflanze hat eine belebende Wirkung. Angewandt wird sie vor allem, weil sie die Darmtätigkeit anregt und den Fluß der Verdauungssäfte fördert. Sie hilft bei Verdauungsstörungen und fördert den Appetit. Größere Mengen können abführend wirken.

PFLANZENTEILE

- *Die ganze Pflanze*

DARREICHUNG

- *Als Tinktur: vor den Mahlzeiten jeweils 25 Tropfen einnehmen.*

HEILWIRKUNG

- *Regt den Appetit an*
- *Fördert die Verdauung*
- *Lindert Magenbeschwerden*
- *Hilft bei Verdauungsstörungen*
- *Wirkt abführend*

GOTU KOLA

Centella asiatica

DIESE PFLANZE WURDE zuerst in der indischen Heilkunst Ayurveda verwendet. Von Bedeutung ist sie für die Behandlung streßbedingter Symptome, denn sie hat eine beruhigende Wirkung auf das Nervensystem. Sie wirkt wie ein Nerventonikum.

Ebenso wie Ginkgo (*Ginkgo biloba*) fördert sie die Durchblutung, so daß der ganze Körper ausreichend mit Blut versorgt wird, und stabilisiert die Wände der Blutgefäße. Es hat sich außerdem gezeigt, daß sie das Immunsystem unterstützt.

PFLANZENTEILE

- *Die ganze Pflanze*

ANWENDUNG

- *Täglich bis zu 2 Tabletten (100 mg) einnehmen.*

HEILWIRKUNG

- *Unterstützt das Immunsystem*
- *Wirkt entspannend und gegen Streß*
- *Beruhigt das Nervensystem*
- *Fördert die Durchblutung*

ACHTUNG: In der Schwangerschaft und bei Überfunktion der Schilddrüse meiden.

SILBERKERZE

Cimicifuga racemosa

DIE UREINWOHNER AMERIKAS verwendeten die Silberkerze zur Behandlung von Frauenleiden. Erwähnung fand sie in China sogar schon um 25–200 v. Chr. in einer traditionellen medizinischen Schrift (*sheng ma*). Sie hilft bei Verdauungsproblemen und lindert arthritische Schmerzen. Da sie die Gebärmutter stimuliert, sollte sie jedoch nicht in der Schwangerschaft angewendet werden. Weitere Anwendungsgebiete sind Bronchitis und Übelkeit in Verbindung mit Kopfschmerzen.

PFLANZENTEILE

- *Rhizome, für medizinische Präparate*

ANWENDUNG

- *Täglich 1 oder 2 Tabletten (50 mg) der getrockneten Pflanze oder zweimal täglich 20 Tropfen einnehmen.*

HEILWIRKUNG

- *Hilft bei Muskelbeschwerden durch Arthritis*
- *Wirkt gegen Menstruationsbeschwerden*
- *Wirksam bei chronischer Bronchitis*
- *Lindert Übelkeit in Verbindung mit Kopfschmerzen*

ACHTUNG: Wegen der stimulierenden Wirkung auf die Uterusmuskulatur in der Schwangerschaft meiden.

MYRRHE

Commiphora molmol

SEIT BIBLISCHEN ZEITEN ist die Myrrhe ein wichtiges Heilmittel, mit dem im Mittleren Osten Wunden, Infektionen und Verdauungsprobleme behandelt werden. Dort assoziiert man mit der Myrrhe vor allem »die Gesundheit und Reinigung der Frau«.

Myrrhe kann den Heilungsprozeß fördern und Infektionen eindämmen. Dank ihrer antiseptischen Wirkung eignet sie sich hervorragend zum Reinigen von Wunden. In Verbindung mit Rotem Sonnenhut (*Echinacea purpurea*) beschleunigt sie – innerlich angewandt – die Genesung von Infektionen vor allem im Brustbereich, denn sie ist ein gutes schleimlösendes Mittel. Oft wird sie als Erkältungsmittel und bei Bronchitis eingenommen. Als Mundwasser kräftigt sie das Zahnfleisch und schützt es vor Infektionen und Entzündungen.

PFLANZENTEILE
- *Gummiharz*

ANWENDUNG
- *Für Mundwasser 5 Tropfen in etwas Wasser geben.*
- *Als Tinktur: täglich 10 Tropfen einnehmen.*

HEILWIRKUNG
- *Bekämpft Zahnfleischinfektionen*
- *Zum Reinigen von Wunden*
- *Unterstützt die Behandlung von Infektionen*
- *Lindert Quetschungen*

ACHTUNG: In der Schwangerschaft Myrrhe nicht in hohen Dosen einnehmen.

KORIANDER

Coriandrum sativum

KORIANDER WIRD SEIT Jahrhunderten sowohl als Gewürz zum Kochen wie auch als Heilpflanze genutzt. Innerlich angewandt, fördert er die Verdauung und regt den Appetit an. Koriander hilft bei Blähungen und lindert Koliken. Sehr bewährt hat er sich auch bei der Behandlung von Durchfall bei Kindern.

Äußerlich kann man die leicht zerstoßenen Samenkörner als Breiumschlag anwenden, um Gelenkschmerzen und Rheumabeschwerden zu lindern.

PFLANZENTEILE

- *Blätter und Samen*

ANWENDUNG

- *Für einen Aufguß 1 Teelöffel zerstoßene Korianderkörner in 250 ml kochendes Wasser geben und 5 Minuten ziehen lassen.*
- *Bei Blähungen den Teeaufguß vor den Mahlzeiten trinken.*
- *Bei schmerzenden Gelenken die Samenkörner als Breiumschlag äußerlich anwenden.*

HEILWIRKUNG

- *Fördert die Verdauung*
- *Regt den Appetit an*
- *Lindert Blähungen*
- *Hilft bei Durchfall*
- *Lindert Gelenkschmerzen*

KULINARISCHES

- *Die frischen Blätter passen zu Geflügelgerichten und grünen Salaten. Für eine Chili-Koriander-Vinaigrette 3 grüne Chillies, von Samen und Scheidewänden befreit und gehackt, ½ Teelöffel gemahlenen Kreuzkümmel, 3 Eßlöffel Cidre-Essig und Salz verrühren. Nach und nach 125 ml Erdnußöl unterschlagen, bis die Vinaigrette gebunden ist. Vor dem Servieren gehackte Korianderblätter dazugeben.*

WEISSDORN

Crataegus oxyacantha

SEIT VIELEN JAHREN werden die Beeren dieser Pflanze bei Verdauungsproblemen eingesetzt. Ihre Wirkung auf das Herz wurde mit der eines Herztonikums verglichen. Das Herz wird in vielerlei Hinsicht gestärkt: Die Beeren kräftigen den Herzschlag, was bei bei einer allgemeinen Herzschwäche hilfreich ist. Außerdem werden die Blutgefäße gedehnt und dadurch der Blutdruck gesenkt sowie die Belastung für das Herz reduziert. Weißdorn wirkt harntreibend und fördert die Ausscheidung überschüssiger Gewebeflüssigkeit, unter der Herzpatienten oft leiden. Die Beeren enthalten viel Vitamin C und Bioflavonoide – wichtig für kräftige und gesunde Blutgefäße.

PFLANZENTEILE
- *Früchte*

ANWENDUNG
- *Als Tinktur: zweimal täglich 20 Tropfen einnehmen.*

HEILWIRKUNG
- *Kann als Herztonikum angewendet werden*
- *Kräftigt den Herzschlag*
- *Senkt den Blutdruck*
- *Wirkt harntreibend*

KURKUMA

Curcuma longa

DIESE KLASSISCHE Gewürzpflanze ist ein wesentlicher Bestandteil der meisten Currypulver. Daß Magenprobleme mit Kurkuma erfolgreich behandelt werden können, ist in Asien schon seit Jahrhunderten bekannt, in Europa und den USA weiß man von dieser Wirkung erst seit kurzem. Kurkuma fördert den Gallenabfluß und unterstützt dadurch die Verdauung von Fetten.

Sie wirkt sich positiv auf die Durchblutung aus, da sie die periphere Blutverteilung fördert und die Gefahr der Blutgerinnselbildung mindert. Vermutlich hilft Kurkuma auch bei Menstruationsbeschwerden, vor allem bei prämenstruellen Beschwerden aufgrund von Blutstau, da sie die Blutzufuhr fördert.

PFLANZENTEILE

- *Rhizome*

ANWENDUNG

- *Täglich zwei Tabletten (50 mg) nach den Mahlzeiten einnehmen.*

HEILWIRKUNG

- *Fördert die Durchblutung*
- *Vermindert Blutgerinnselbildung*
- *Menstruationsbeschwerden*
- *Fördert den Gallenabfluß*
- *Unterstützt Fettverdauung*

KULINARISCHES

- *Wesentlicher Bestandteil von Currys und Currypulver.*

ARTISCHOCKE

Cynara scolymus

DIE ARTISCHOCKE wurde bereits von den Griechen und Römern sehr geschätzt und dient seit Jahrhunderten medizinischen Zwecken. Die Entdeckung der in den Blättern enthaltenen Substanz Cynarin bestätigte die traditionelle Einnahme von Artischocken bei Verdauungsproblemen. Der Bitterstoff Cynarin fördert offenbar den Gallenabfluß und unterstützt dadurch die Leberfunktion. Zudem wird durch den verstärkten Gallenabfluß auch der Cholesterinspiegel gesenkt.

PFLANZENTEILE

❦ *Blütenköpfe, Blätter und Wurzeln*

ANWENDUNG

❦ *Als Tinktur: täglich 20 Tropfen einnehmen.*

HEILWIRKUNG

❦ *Regt den Fluß der Verdauungssäfte an*

❦ *Fördert den Gallenabfluß*

❦ *Unterstützt die Leberfunktion*

❦ *Senkt den Cholesterinspiegel*

KULINARISCHES

❦ *Besonders gut schmecken Artischocken mit Vinaigrette. Dafür einen geschlossenen Blütenkopf in einen Topf mit kochendem Wasser geben. Bei schwacher Hitze etwa 15 Minuten garen, bis sich die Blätter leicht ablösen lassen. Die Artischocke gut abtropfen lassen, auf eine kleine Servierplatte geben und mit Vinaigrette beträufeln. Sofort servieren.*

ROTER SONNENHUT

Echinacea purpurea

DEM IGELÄHNLICHEN Aussehen seines Blütenkegels verdankt der Rote Sonnenhut den botanischen Namen, der von *echinos,* dem griechischen Wort für Igel, abgeleitet ist. Vermutlich gehört sein Extrakt zu den am meisten verwendeten Pflanzenpräparaten. Der Rote Sonnenhut unterstützt das Immunsystem, und wird gern zur Stärkung der Widerstandskräfte eingenommen.

Roter Sonnenhut hilft auch bei kleineren Schnittwunden und Hautabschürfungen. Beschwerden aufgrund von Bakterien, Pilz- oder Virusinfektionen sollten vorrangig mit dieser Heilpflanze behandelt werden.

PFLANZENTEILE

- *Wurzeln und Rhizome*

ANWENDUNG

- *Bei akuten Beschwerden alle 4 Stunden bis zu 40 Tropfen (20 bei Kindern) der Tinktur einnehmen.*
- *Zur Vorbeugung gegen Erkältungen und Grippe täglich 10–15 Tropfen einnehmen.*
- *Täglich 1 oder 2 Tabletten (50–100 mg) einnehmen.*
- *Als Creme bei Schnittwunden und Hautabschürfungen.*

HEILWIRKUNG

- *Unterstützt das Immunsystem*
- *Verhindert die Ausbreitung von Infektionen*
- *Lindert Erkältungs- und Grippesymptome*
- *Tötet Viren ab*

SIBIRISCHER GINSENG

Eleutherococcus senticosus

DIESE PFLANZE BESITZT ähnliche Wirkstoffe wie der Ginseng (*Panax ginseng*), doch gelten sie als weniger effektiv. Deswegen kann ein Elixier aus dieser Pflanze über einen längeren Zeitraum eingenommen werden als Ginseng, und zudem soll es für eine längere Behandlung von Streß besser geeignet sein. Der Sibirische Ginseng kann auch zur Förderung körperlicher und geistiger Vitalität eingesetzt werden, und es wird behauptet, daß sie den Cholesterin- und Blutzuckerspiegel senkt.

PFLANZENTEILE
- *Wurzeln*

ANWENDUNG
- *Täglich 2 Teelöffel (10 ml) Ginseng-Elixier einnehmen.*

HEILWIRKUNG
- *Verbessert die Belastbarkeit*
- *Fördert geistige Vitalität*
- *Senkt den Cholesterin- und Blutzuckerspiegel*

ACHTUNG: Das Pflanzenpräparat sollte nicht länger als 1 Monat ohne Unterbrechung angewandt werden.

ACKERSCHACHTELHALM

Equisetum arvense

DIESE HEILPFLANZE ENTHÄLT eine interessante Mischung von Nährstoffen und Pflanzenwirkstoffen. Ackerschachtelhalm ist reich an Kieselerde und anderen Mineralien, welche die Aufnahme von Kalzium aus der Nahrung unterstützen. Nagel- und Haarstruktur werden dadurch nachhaltig verbessert wie auch die Knochen und das Bindegewebe. Der hohe Kalziumgehalt kann den Cholesterinspiegel senken.

Ackerschachtelhalm kann außerdem den Fetthaushalt der Haut regulieren, was wiederum dem Ausbruch von Akne und anderen Hautproblemen entgegenwirkt.

PFLANZENTEILE

- *Stengel*

ANWENDUNG

- *Als Tinktur: zweimal täglich 15–20 Tropfen einnehmen.*

HEILWIRKUNG

- *Kräftigt die Nagel- und Hautstruktur*
- *Unterstützt den Aufbau von Knochen und Bindegewebe*
- *Dämmt Akne ein*
- *Kann den Cholesterinspiegel senken*

SCHLAFMÜTZCHEN

Eschscholzia californica

DER WÄSSRIGE SAFT hat eine leicht schmerzstillende Wirkung und diente bereits den Ureinwohnern Amerikas zur Linderung von Zahnschmerzen. Die Inhaltsstoffe scheinen das zentrale Nervensystem zu beeinflussen und haben eine narkotische Wirkung. Auch als Beruhigungsmittel geeignet.

PFLANZENTEILE

Die ganze Pflanze

ANWENDUNG

Als Tinktur: bei Bedarf 5–10 Tropfen einnehmen.

HEILWIRKUNG

Lindert, äußerlich aufgetragen, Zahnschmerzen

Hilft innerlich bei Angstzuständen und Anspannung

Wirkt bei Schlaflosigkeit

EUKALYPTUS

Eucalyptus globulus

Es gibt über 40 verschiedene Eukalyptusarten, und sie alle haben einen hohen Gehalt an dem ätherischen Öl, das für ihren Duft verantwortlich ist.

Die traditionellen Anwendungen durch die Aborigines in Australien sind ein gutgehütetes Geheimnis, doch weiß man, daß Eukalyptus bei Ruhr verabreicht wurde. Die ätherischen Öle werden bei uns häufig zum Inhalieren bei Infektionen der oberen Luftwege eingesetzt. Eukalyptus hilft auch hervorragend bei Husten, da er den Atmungsvorgang unterstützt. Äußerlich angewandt, fördert er die Heilung von Sportverletzungen. Er hat eine antiseptische Wirkung und lindert dadurch Muskelkrämpfe. Bei Muskelschmerzen hat Eukalyptuscreme oder -lotion eine äußerst wohltuende Wirkung.

PFLANZENTEILE
❦ *Blätter und ätherische Öle*

ANWENDUNG
❦ *Zum Inhalieren etwa 4 Tropfen Eukalyptusöl in ein Inhalationsgerät geben und etwa 5 Minuten inhalieren.*
❦ *Äußerlich als Creme oder Lotion nach Bedarf anwenden.*

HEILWIRKUNG
❦ *Wirkt bei Infektionen der oberen Luftwege schleimlösend*
❦ *Hilft bei Nebenhöhlenentzündungen*
❦ *Fördert das Abhusten*
❦ *Hemmt das Wachstum von Bakterien*
❦ *Eukalyptussalbe lindert Muskelschmerzen*

KÖRPERPFLEGE
❦ *Eignet sich als Lotion oder Gesichtswasser zur Förderung der Hautdurchblutung.*
❦ *Ein Bad mit einigen Tropfen des ätherischen Öls lindert Muskelschmerzen.*

ACHTUNG: Nicht bei offenen Verletzungen anwenden. Die Dämpfe nicht zu lange einatmen, da Eukalyptus Kopfschmerzen hervorrufen und Asthmabeschwerden verschlimmern kann.

AUGENTROST

Euphrasia officinalis

DURCH PARACELSUS' *Signaturenlehre* (der Theorie, daß Pflanzen, die bestimmten Körperteilen ähneln, Erkrankungen dieser Bereiche heilen) sollte Augentrost zu einem Allheilmittel für Augenleiden werden. Denn die Blüten mit rotvioletten und gelben Streifen und Punkten ähneln der Iris des menschlichen Auges.

Aufgrund ihrer adstringierenden Wirkung eignet sich die Pflanze zur Behandlung von Bindehautentzündung (Konjunktivitis) und anderen Augenleiden, etwa bei nässendem Ekzem, das um die Augen herum auftreten kann, oder bei starker Lichtempfindlichkeit.

PFLANZENTEILE

Die ganze Pflanze

ANWENDUNG

Für eine Augenspülung pharmazeutische Pflanzenpräparate verwenden, um das Infektionsrisiko auszuschließen.

Als Tinktur: zweimal täglich 1–2 Tropfen einnehmen.

HEILWIRKUNG

Lindert Augenreizungen und hilft bei Bindehautentzündung

Fördert, innerlich angewandt, die Gesundheit der Augen

ACHTUNG: In der Schwangerschaft größere Mengen Augentrost meiden.

FENCHEL

Foeniculum vulgare

DEN TYPISCHEN DUFT verdankt frischer Fenchel seinem ätherischen Öl, das je nach Art eine variierende Konzentration von Anethol, Fenchon und Menthol enthält.

Innerlich angewandt, unterstützt Fenchel die Verdauung und lindert Koliken und Blähungen. Man kann ihn als Tee oder sogenanntes »Fenchelwasser« einnehmen, das sich leicht zubereiten läßt. Wird Fenchelwasser während der Stillzeit getrunken, soll es die Verdauung von Säuglingen fördern und bei Koliken helfen. Fenchel wirkt außerdem harntreibend und reinigt die Nieren. Er kann die Milchbildung stillender Mütter anregen.

PFLANZENTEILE

Blätter, Stengel, Wurzeln und Samen

ANWENDUNG

Als Tinktur: direkt nach dem Essen 20 Tropfen einnehmen.

Für Fenchelwasser 250 ml Wasser mit 2 Prisen Fenchelsamen zum Kochen bringen. Wenn das Wasser sich verfärbt, noch 1 weitere Minute kochen lassen. Abseihen und vor dem Trinken abkühlen lassen. Im Kühlschrank aufbewahren.

Für einen Tee 2 Teelöffel Fenchelsamen in 250 ml kochendes Wasser geben und 5 Minuten ziehen lassen.

HEILWIRKUNG

Unterstützt die Verdauung

Lindert Bauchkrämpfe und Koliken

Hilft bei Blähungen

Lindert Blähungen bei Säuglingen

Wirkt harntreibend und reinigt die Nieren

Regt die Milchbildung stillender Mütter an

KÖRPERPFLEGE

Die Samen eignen sich für eine Lotion bei fettiger Haut.

KULINARISCHES

Nehmen Sie Fenchelsamen für Fischgerichte oder zum Garen von Gemüse. Frische Fenchelknollen werden im ganzen gegart und als Gemüse gereicht. Sie haben einen wunderbaren Anisgeschmack und passen gut zu Geflügel und Lamm.

ACHTUNG: In der Schwangerschaft meiden.

Fenchel (Foeniculum vulgare)

STORCHENSCHNABEL

Geranium maculatum

DIE UREINWOHNER Amerikas verwendeten diese Pflanze häufig zur Behandlung von Durchfall und Magenbeschwerden. Die Analyse der Pflanzenextrakte hat eine hohe Konzentration adstringierender Wirkstoffe ergeben. Ein traditionelles Anwendungsgebiet ist auch die Regulierung starker Regelblutungen. Äußerlich angewandt, hilft Storchenschnabel bei infizierten Wunden, Soor (einer Pilzinfektion in der Mundhöhle) und Hämorrhoiden.

PFLANZENTEILE

- *Die ganze Pflanze*

ANWENDUNG

- *Als Tinktur: zweimal täglich 20–25 Tropfen einnehmen.*
- *Äußerlich als Kompresse bei Wunden, Soor und Hämorrhoiden anwenden.*

HEILWIRKUNG

- *Hat eine antiseptische Wirkung*
- *Reguliert starke Regelblutungen*
- *Lindert Beschwerden bei Hämorrhoiden*
- *Hilft bei Durchfall*

GINKGO

Ginkgo biloba

FOSSILIENFUNDE HABEN gezeigt, daß sich der Gingkobaum seit Millionen von Jahren nicht verändert hat. Er existierte bereits vor der Entwicklung der Säugetiere.

Aus den Blättern gewinnt man eine Substanz, die erstaunliche Wirkungen bei allergischen Zuständen zeigt. Die Inhaltsstoffe, sogenannte Gingkolide, bewirken, daß blutplättchenaktivierende Stoffe (lösen allergische Reaktionen aus), gehemmt werden. Weitere Stoffe, die Gingko-Flavonoide, fördern die Durchblutung des Gehirns. Als wirksam hat sich Gingko auch bei der Behandlung von Asthma, Tinnitus, allergiebedingten, entzündlichen Zuständen und Krampfadern erwiesen. Man behandelt damit auch die schlechte Durchblutung des Gehirns und die Raynaud-Krankheit. Diese Krankheit ist auf eine schlechte Durchblutung zurückzuführen. Typisch hierbei: bläuliche Hände.

PFLANZENTEILE

Blätter und Samen

ANWENDUNG

Als Tinktur: zweimal täglich 20 Tropfen einnehmen.

HEILWIRKUNG

- *Fördert die Durchblutung des Gehirns*
- *Lindert Tinnitus-Beschwerden*
- *Wirksam bei allergischen Zuständen und Asthmabeschwerden*
- *Zur Behandlung der Raynaud-Krankheit*

SÜSSHOLZ

Glycyrrhiza glabra

DER HAUPTBESTANDTEIL von Süßholz ist Glycyrrhizin, eine Substanz, die 50mal süßer ist als Zucker. Glycyrrhizin dämmt Entzündungen ein und wird bei unregelmäßiger Menstruation eingesetzt. Süßholz kann, 14 Tage vor der Menstruation eingenommen, den Abbau von Progesteron verhindern und gegen Depressionen, schlechte Flüssigkeitsausscheidung, Überempfindlichkeit der Brüste und Heißhunger auf Süßes wirken.

Innerlich angewandt, hilft es bei der Addison-Krankheit, da Glycyrrhizin ähnlich wirkt wie das Nebennierenhormon Aldosteron. Die Leber wird durch Süßholz entgiftet. Es konnte auch eine östrogenartige Wirkung festgestellt werden, die Süßholz zu einem guten Mittel bei Beschwerden in den Wechseljahren macht. Auch bei Magenleiden zeigt es gute Heilwirkungen.

PFLANZENTEILE

- *Wurzeln*

ANWENDUNG

- *Zu jeder Mahlzeit 2 oder 3 Tabletten (100 mg) einnehmen.*

HEILWIRKUNG

- *Wirkt bei Magengeschwüren*
- *Hilft bei unregelmäßiger Menstruation*
- *Entgiftet die Leber*
- *Zur Behandlung der Addison-Krankheit*
- *Lindert Beschwerden in den Wechseljahren*

ACHTUNG: Wegen des Natriumgehalts Süßholz in der Schwangerschaft meiden. Bei hohem Blutdruck, Nierenleiden oder der Einnahme des Herzmittels Digoxin ebenfalls nicht verwenden.

GEMEINER HOPFEN

Humulus lupulus

HOPFEN IST EINES der besten natürlichen Entspannungsmittel. Er beruhigt den ganzen Körper, lindert Nervosität, Reizbarkeit und Schlaflosigkeit.

Bei Magen-Darm-Beschwerden kann sich die Behandlung mit Hopfen als sehr wirkungsvoll erweisen. Für einen erholsamen Schlaf nimmt man etwa eine halbe Stunde vor dem Zubettgehen eine Mischung aus einem Teil Baldrian (*Valeriana officinalis*) und einem Teil Hopfen ein. Ein Breiumschlag aus Hopfen kann bei Ekzemen und Hautgeschwüren Linderung verschaffen.

PFLANZENTEILE

- *Blätter und junge Triebe*

ANWENDUNG

- *Bei Magen-Darm-Beschwerden täglich 2 Tabletten (50 mg) einnehmen.*
- *Als Sedativum die oben beschriebene Mischung vor dem Zubettgehen ausprobieren.*
- *Äußerlich als Breiumschlag bei Ekzemen und Hautgeschwüren anwenden.*

HEILWIRKUNG

- *Fördert einen erholsamen Schlaf*
- *Hat eine beruhigende Wirkung bei nervösem Magen*
- *Lindert Darmbeschwerden*
- *Wirkt entspannend*
- *Lindert Ekzeme und Hautgeschwüre*

KULINARISCHES

- *Die jungen Seitensprossen können gegart verzehrt werden.*

ACHTUNG: Bei Depressionen keinen Hopfen verwenden.

ORANGENWURZEL

Hydrastis canadensis

DIE MEDIZINISCHE ANWENDUNG der Orangenwurzel hat sowohl Vor- als auch Nachteile. Bei Darminfektionen werden nämlich neben den krankheitsverursachenden auch die nützlichen Bakterien abgetötet. Darum sollte man die Orangenwurzel nicht länger als einen Monat anwenden und anschließend empfiehlt es sich, eine probiotische Kur zu machen.

Orangenwurzel eignet sich auch als Abführmittel sowie zur äußeren Anwendung bei Hautreizungen und Bindehautentzündung.

PFLANZENTEILE

Rhizome

ANWENDUNG

Als Tinktur: täglich 20 Tropfen einnehmen.

Für eine Augenspülung pharmazeutische Pflanzenpräparate verwenden, um das Infektionsrisiko auszuschließen.

Äußerlich als Lotion, Kompresse oder Creme anwenden.

HEILWIRKUNG

Hilft bei Verstopfung

Hat bei Darminfektionen eine antibakterielle Wirkung

Lindert Hautreizungen

Wirkt abführend

ACHTUNG: Nicht länger als einen Monat anwenden. In der Schwangerschaft vermeiden, da Orangenwurzel die Uterusmuskulatur stimuliert.

JOHANNISKRAUT

Hypericum perforatum

SEIT EINE Studie gezeigt hat, daß diese Heilpflanze ebenso wirkungsvoll ist wie ein übliches Antidepressivum, jedoch keine Nebenwirkungen besitzt, steht Johanniskraut im Mittelpunkt des medizinischen Interesses. Ihre Wirkung entdeckte man aufgrund der hohen Hypericinkonzentration. Zerreibt man die Blätter der Pflanze zwischen den Fingern, wird ein rotes Pigment sichtbar, in dem die Wirkstoffe enthalten sind. Diese beruhigen die Nerven und können bei Schlaflosigkeit Abhilfe schaffen.

Eine weitere interessante Eigenschaft der Pflanze ist ihre Fähigkeit, die Vermehrung bestimmter Viren (Retroviren) zu hemmen. Möglicherweise eignet sie sich damit zur Behandlung von AIDS. Als Lotion angewandt, besitzt Johanniskraut entzündungshemmende Heilwirkungen und hilft auch bei Krampfadern, Quetschungen und Sonnenbrand.

PFLANZENTEILE
- *Die ganze Pflanze*

ANWENDUNG
- *Als Tinktur: zweimal täglich 20 Tropfen einnehmen.*
- *Äußerlich nach Bedarf als Lotion anwenden.*

HEILWIRKUNG
- *Hilft bei Schlaflosigkeit*
- *Beruhigt die Nerven*
- *Fördert die Wundheilung*
- *Möglicherweise zur Behandlung von AIDS geeignet*
- *Lindert Sonnenbrand*

YSOP

Hyssopus officinalis

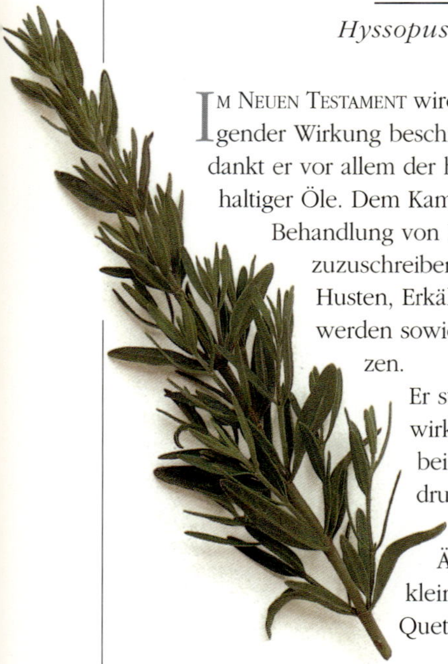

IM NEUEN TESTAMENT wird Ysop als Heilpflanze mit reinigender Wirkung beschrieben. Diese Eigenschaft verdankt er vor allem der hohen Konzentration kampferhaltiger Öle. Dem Kampfer ist auch die wirkungsvolle Behandlung von Lungeninfektionen wie Bronchitis zuzuschreiben. Ysop kann außerdem bei Husten, Erkältung und Schnupfen eingesetzt werden sowie zum Gurgeln bei Halsschmerzen.

Er stabilisiert niedrigen Blutdruck und wirkt gegen Schwindelanfälle, wie sie bei Menschen mit niedrigem Blutdruck auftreten, wenn diese zum Beispiel plötzlich aufstehen. Äußerlich kann man Ysop bei kleineren Schnittverletzungen und Quetschungen anwenden.

PFLANZENTEILE

- *Die ganze Pflanze*

ANWENDUNG

- *Zweimal täglich 2 Tabletten (50 mg) einnehmen.*
- *Als Tinktur: zweimal täglich 15–20 Tropfen einnehmen.*
- *Äußerlich als Kompresse bei kleineren Schnittverletzungen und Quetschungen anwenden.*

HEILWIRKUNG

- *Blutdruckstabilisierend*
- *Dämmt Lungeninfektionen ein*
- *Lindert Husten*
- *Hilft bei kleineren Schnittverletzungen und Quetschungen*

KULINARISCHES

- *Gehackte Ysopblätter passen zu Fleischgerichten, etwa geschmortem Rindfleisch. Außerdem harmoniert Ysop mit vielen Hülsenfrüchten.*

ACHTUNG: Schwangere und Menschen, die unter Epilepsie leiden, sollten das ätherische Öl meiden.

JASMIN

Jasminum officinale

URSPRÜNGLICH WURDE Jasmin für die Parfümindustrie angebaut, doch besitzt er auch gesundheitsfördernde Eigenschaften. Jasmin hat sich bei der Behandlung von Sonnenstich, Fieber, entzündlicher Dermatitis und Infektionen, wie auch Husten, als wirksam erwiesen. Aufregung, postnatale Depression, prämenstruelle Beschwerden und Kopfschmerzen werden durch die Einnahme von Jasmin gelindert, der sich darüber hinaus als gutes Antidepressivum erweist. Er lindert auch Menstruationsbeschwerden, da er gegen Krämpfe der Uterusmuskulatur wirkt. Äußerlich angewandt, gilt Jasminöl als Aphrodisiakum.

PFLANZENTEILE

Wurzeln, Blüten und Öl

ANWENDUNG

Als Tee: täglich 1 Tasse trinken.

Für die äußere Anwendung 6 Tropfen des ätherischen Öls mit 10 ml Mandelöl vermischen.

HEILWIRKUNG

Lindert Anspannungen

Kann Symptome von Dermatitis lindern

Aphrodisische Wirkung

KÖRPERPFLEGE

Ein Bad mit 6–8 Tropfen Jasminöl wirkt belebend.

ACHTUNG: In den ersten Schwangerschaftswochen meiden.

WACHOLDERBEEREN

Juniperus communis

Der mit Wacholderbeeren aromatisierte Gin wurde im frühen 16. Jahrhundert als harntreibende Arznei erfunden, denn die Herstellung war nicht sehr teuer. Seit es darüber Aufzeichnungen gibt, wird die harntreibende Wirkung von Wacholder bestätigt, die man zur Behandlung von Blasenkatarrh, Nierenentzündung, Gicht und Arthritis einsetzt.

Die äußere Anwendung kann bei Arthritis- und Rheumabeschwerden helfen sowie bei fettiger Haut und Akne.

Pflanzenteile

Früchte

Anwendung

Als Tinktur: zweimal täglich 20 Tropfen einnehmen.

Für die äußere Anwendung 6 Tropfen des ätherischen Öls mit 10 ml Mandelöl vermischen und zum Einreiben arthritischer Gelenke verwenden.

Heilwirkung

Besitzt gute harntreibende Eigenschaften

Lindert Gichtbeschwerden

Hilft bei Blasenkatarrh

Lindert arthritische Gelenkschmerzen

Körperpflege

Eignet sich für eine Lotion bei fettiger Haut und Akne.

Kulinarisches

Man verwendet Wacholderbeeren für Pasteten, würzige Saucen und Sauerkraut.

Achtung: In der Schwangerschaft meiden, da Wacholderbeeren die Uterusmuskulatur stimulieren.

Wacholderbeeren (Juniperus communis)

LAVENDEL

Lavandula officinalis

DIE RÖMER SORGTEN für die Verbreitung des Lavendels vom Mittelmeerraum bis nach Großbritannien, und im Mittelalter wurde der Lavendel zu einem wichtigen Bestandteil früher Klostergärten mit Heilpflanzen.

Der süßaromatische Duft von Lavendel ist unverkennbar, und man spricht ihm antidepressive, fröhlichstimmende Wirkungen zu.

Da er auch sehr wertvolle beruhigende Eigenschaften besitzt, dient Lavendel zur Behandlung von Verdauungsstörungen, Angstzuständen, Rheuma, Reizbarkeit, Schlaflosigkeit und nervösen Kopfschmerzen. Bewährt hat er sich außerdem bei Migräne. Lavendel kann man bei leichteren Verbrennungen, vor allem bei Sonnenbränden, anwenden sowie bei rheumatischen Muskelschmerzen. Darüber hinaus hilft er bei Hautproblemen wie Akne. Lavendelöl gehört zu den beliebtesten entspannenden ätherischen Ölen.

Lassen Sie den Alltagsstreß bei einem Lavendelbad von sich abfallen.

Pflanzenteile
❦ *Blüten, Stengel und ätherisches Öl*

Anwendung
❦ *Für die äußere Anwendung 6 Tropfen des ätherischen Öls mit 10 ml Mandelöl vermischen. Die betroffene Stelle damit einreiben.*
❦ *Für einen entspannenden Tee ein Fertigprodukt aus Lavendel aufgießen und zweimal täglich trinken.*

Heilwirkung
❦ *Hat natürliche antidepressive Wirkungen*
❦ *Hebt die Stimmung*
❦ *Lindert Angstzustände*
❦ *Fördert die Verdauung*
❦ *Lindert rheumatische Muskel- und Gelenkschmerzen*
❦ *Kann bei Migräne helfen*

Körperpflege
❦ *Lavendel eignet sich für eine Lotion bei Sonnenbrand oder eine Creme bei trockener Haut.*
❦ *Ein Bad mit 6–8 Tropfen Lavendelöl wirkt entspannend.*

Kulinarisches
❦ *Mit Lavendel kan man Eingemachtes aromatisieren oder Kuchen und Plätzchen würzen.*

LEIN ODER FLACHS

Linum usitatissimum

Lein ist ein Landbauprodukt. Die Pflanze enthält eine Reihe wirksamer Substanzen: Das Öl der Samen ergibt in Verbindung mit dem Pflanzenschleim ein wirkungsvolles Abführmittel. Reines Leinöl eignet sich hervorragend zur Behandlung von Ekzemen, denn es ist reich an essentiellen Fettsäuren, die wichtig für die Haut sind. Die Samen kann man zerstoßen und äußerlich als Breiumschlag bei Abszessen und Rippenfellentzündung anwenden.

Pflanzenteile

- *Samen*

Anwendung

- *Für eine abführende Wirkung 1 oder 2 Teelöffel Leinsamen kauen und mit 1 Glas Wasser einnehmen.*
- *Bei Hautreizungen täglich 1 oder 2 g Leinöl nach dem Essen einnehmen.*
- *Die zerstoßenen Samen als Breiumschlag bei Abszessen und Symptomen von Rippenfellentzündung anwenden: auf die schmerzenden Stellen auftragen.*

Heilwirkung

- *Wirkt abführend, hilft bei chronischer Verstopfung*
- *Wirkt entzündungshemmend, besonders bei Hautproblemen wie Ekzemen*
- *Hilft bei Abszessen*

Kulinarisches

- *Leinsamenmehl ergibt ein schmackhaftes Brot. Man bekommt es in Naturkostläden.*

TEUFELSKRALLE

Martynia annua

Ein Extrakt aus dieser Pflanze wird gern von südafrikanischen Farmern verwendet. Sie bestätigen, daß ein Absud aus den Wurzelknollen der Pflanze bei Arthritis- und Rheumabeschwerden große Linderung bringt.

Neben den schmerzlindernden Eigenschaften besitzt diese Heilpflanze auch entzündungshemmende Wirkungen, die sie zu einem guten Mittel bei entzündlichen Gelenkbeschwerden wie Arthritis machen. Außerdem wirkt sie verdauungsfördernd.

Pflanzenteile
- *Knollen*

Anwendung
- *Als Tinktur: zweimal täglich 20 Tropfen einnehmen.*

Heilwirkung
- *Hat eine schmerzstillende und entzündungshemmende Wirkung*
- *Hilft bei Arthritis und geschwollenen Gelenken*
- *Fördert die Verdauung*

Achtung: In der Schwangerschaft meiden.

LUZERNE

Medicago sativa

DIE LUZERNE IST eine bemerkenswerte Pflanze. Sie gedeiht in sehr rauhem Klima und verwandelt einen kargen Landstrich in eine üppig blühende Wiese. Auch die Menge der enthaltenen Nährstoffe ist beeindruckend: die Vitamine C, D, E, K und der Vitamin-B-Komplex, Beta-Karotin sowie Kalium, Magnesium und Kalzium. Es besteht eine gewisse Gefahr, eine zu hohe Dosis einzunehmen. Eine Überdosis kann zum Ausbruch der Autoimmunschwäche Lupus erythematodes führen. Bei Hautempfindlichen kann zu viel des Guten eine Sonnenallergie auslösen.

Die Luzerne ist ein gutes Abführmittel und mildes Diuretikum, das bei Harnwegsinfektionen eingesetzt wird. Sie eignet sich als Tonikum für genesende, aber noch geschwächte Patienten, und regt den Appetit an.

PFLANZENTEILE

❦ *Die ganze Pflanze*

ANWENDUNG

❦ *Täglich bis zu 5 Tabletten des getrockneten Extrakts einnehmen.*

❦ *Als Tinktur: zweimal täglich 15–20 Tropfen einnehmen.*

HEILWIRKUNG

❦ *Harntreibende Wirkung*

❦ *Wirkt abführend*

❦ *Unterstützt den Genesungsprozeß*

❦ *Lindert die Symptome von Blasenkatarrh*

❦ *Regt den Appetit an*

KULINARISCHES

❦ *Die Samen kann man keimen lassen (Luzernesprossen) und in Salaten verwenden. Die Blätter können roh oder gegart verzehrt werden.*

ACHTUNG: Auf keinen Fall verwenden, wenn Sie an einer Autoimmunschwäche wie Lupus erythematodes leiden.

ZITRONENMELISSE

Melissa officinalis

DIESE NACH ZITRONE duftende Pflanze hat gute virenhemmende und antibakterielle Eigenschaften, welche z. B. die Behandlung von Lippenherpes unterstützen können. Die rechtzeitige Anwendung einer Creme aus Zitronenmelisse kann den Ausbruch von Lippenherpes verhindern.

Innerlich angewandt, hilft Zitronenmelisse bei Nervosität und Erregbarkeit, vor allem bei Kindern. Auch bei Panikanfällen und Herzklopfen kann die Heilpflanze Abhilfe schaffen, da sie eine beruhigende Wirkung auf das Nervensystem hat.

Probieren Sie zur Behandlung von Depressionen eine Aromatherapie-Massage aus: Manche empfehlen eine Massage für den ganzen Körper, andere bevorzugen bei Streß die Massage des oberen Rückens und der Schultern.

PFLANZENTEILE

- *Die ganze Pflanze*

ANWENDUNG

- *Äußerlich als Creme anwenden. Die betroffene Stelle dreimal täglich mit reichlich Creme einreiben.*
- *Für eine Aromatherapie 6 Tropfen Öl der Pflanze mit 10 ml Mandelöl vermischen. Wie gewohnt einmassieren.*
- *Als Tinktur: zweimal täglich 15 Tropfen einnehmen.*

HEILWIRKUNG

- *Hat virenhemmende und antibakterielle Eigenschaften*
- *Beruhigt das Nervensystem*
- *Hilft bei Panikanfällen*
- *Hilft bei Depressionen*

KÖRPERPFLEGE

- *Eignet sich für Reinigungslotionen und als Aufguß für ein entspannendes Bad.*

KULINARISCHES

- *Die Blätter passen zu Suppen, Salaten und Fischgerichten. Im Handel wird Melissengeist angeboten. Er ähnelt einem Elixier, wird vor der Einnahme jedoch mit Wasser verdünnt.*

PFEFFERMINZE

Mentha piperita

Die hocharomatische Pflanze wird seit langem als Dekongestionsmittel und Antiseptikum verwendet und hat sich bei der Behandlung von Erkältungen bewährt. Die enthaltenen Öle haben eine krampflösende Wirkung auf den Magen und machen die Pfefferminze zu der idealen Kräuterarznei bei Koliken und Verdauungsstörungen von Erwachsenen. Schwangere, die unter Morgenübelkeit und Brechreiz leiden können Pfefferminze – als Tee oder Kapseln – bedenkenlos zu sich nehmen. Aufgrund der entspannenden Wirkung lindert sie auch Menstruationsbeschwerden.

Die äußere Anwendung von Pfefferminzöl kann bei Muskel- und Nervenschmerzen helfen.

PFLANZENTEILE

❦ *Die ganze Pflanze*

ANWENDUNG

❦ *Zwischen den Mahlzeiten 2 oder 3 Kapseln aus der Apotheke (2 ml Öl je Kapsel) einnehmen, um Magen- oder Darmkrämpfe zu lindern.*

❦ *Als Tee: zweimal täglich 250 ml trinken.*

❦ *Für eine Aromatherapie-Massage 6 Tropfen des ätherischen Öls mit 10 ml Mandelöl vermischen.*

HEILWIRKUNG

❦ *Hat eine krampflösende Wirkung auf Magen und Darm*

❦ *Hilft bei Übelkeit in den ersten Schwangerschaftswochen*

❦ *Lindert als Einreibemittel Muskelstarre*

❦ *Wirkt schleimlösend*

KULINARISCHES

❦ *Sie erhalten ein äußerst erfrischendes Getränk, wenn Sie einige Pfefferminzblätter an Eistee geben.*

BASILIKUM

Ocimum basilicum

Basilikum wird auch als Josefskraut bezeichnet, sollte deswegen aber nicht mit dem Johanniskraut verwechselt werden. Verwendet wurde es bereits zu biblischen Zeiten – nach Christi Auferstehung sah man es um sein Grab wachsen. Der Name »Basilikum« soll dem griechischen Wort für »König« entstammen.

Basilikum ist reich an ätherischen Ölen und enthält über 20 verschiedene Substanzen, unter anderem Methylcinnamat (Zimt), Zitral (Zitrone), Thymol (Thymian) und Kampfer. Inzwischen wurden viele Basilikumsorten gezüchtet, deren Duft und Geschmack sich unterscheiden.

Basilikum wird wegen der belebenden Wirkung bei Schüttelfrost, Erkältungen und Grippe angewandt. Es erzielt gute Heilwirkungen bei Magenkatarrh und lindert sogar schmerzhafte Menstruationsbeschwerden.

Pflanzenteile

Die ganze Pflanze

Anwendung

Als Tinktur: zweimal täglich 15 Tropfen einnehmen.

Heilwirkung

- *Wirkt belebend und schützt vor Infektionen*
- *Hilft bei Magenkatarrh und unterstützt die Verdauung*
- *Wirkt krampflösend*

Kulinarisches

Basilikum ist ein vielseitiges Küchenkraut. Die Blätter passen zu allen Salaten und verleihen ihnen einen besonderen Geschmack. Basilikum ist die Grundlage von Basilikumpesto, einer traditionellen italienischen Pastasauce, und man kann sie an Bratenfüllungen geben.

SCHINKENKRAUT

Oenothera biennis

DIE PFLANZE WIRD VOR ALLEM als wirksames Mittel bei prämenstruellen Beschwerden und Problemen in den Wechseljahren geschätzt. Doch ist das Schinkenkraut noch wesentlich vielseitiger. Es enthält eine essentielle Fettsäure, die nicht nur für den Aufbau der Zellmembranen äußerst wichtig ist, sondern auch die Abgabe der Hormone reguliert. Die Einnahme von Schinkenkrautöl kann die Wirkungen dieser Substanzen hemmen und damit verbundene Beschwerden lindern. Eine Dosis kann bereits das gesamte Hormonsystem regulieren. Die Wirkung auf Prostaglandin veranschaulicht, wie das Öl den Blutdruck und den Cholesterinspiegel senkt.

Als Heilmittel bei Hautproblemen kann es auch ohne Bedenken bei Kopfschorf von Säuglingen äußerlich angewandt werden. Bilden sich Ekzeme, wird es innerlich verabreicht.

Bemerkenswert ist, daß Ergänzungsmittel aus Schinkenkraut bei Schizophrenie gute Ergebnisse erzielt haben – die Wirkungsweise ist jedoch bis heute unbekannt.

Eine Seife mit Schinkenkrautöl spendet der Haut Feuchtigkeit.

PFLANZENTEILE

- *Öl*

ANWENDUNG

- *Bei Beschwerden in den Wechseljahren jeden Abend 2 oder 3 Kapseln (jeweils 500 mg) mit Wasser einnehmen.*
- *Bei prämenstruellen Beschwerden etwa 14 Tage vor der Menstruation jeden Abend 3 Kapseln (jeweils 500 mg) einnehmen.*
- *Kindern mischt man täglich etwa 250 mg Öl unter die Nahrung.*
- *Bei Kopfschorf von Kleinkindern die betroffene Stelle mit ausreichend Öl einreiben, so daß sie geschmeidig wird.*

HEILWIRKUNG

- *Reguliert den Hormonspiegel*
- *Lindert Bauchkrämpfe*
- *Senkt den Blutdruck*
- *Senkt den Cholesterinspiegel*
- *Hilft bei Ekzemen*
- *Hilft bei Symptomen von Schizophrenie*

ACHTUNG: Nicht anwenden, wenn Sie an Epilepsie oder Migräne leiden.

OLIVENBAUM

Olea europaea

Die Verwendung von Olivenöl in der Küche ist allgemein verbreitet, doch auch zu medizinischen Zwecken werden Extrakte aus den Blättern und Früchten des Olivenbaums gewonnen. Die Extrakte aus den Blättern eignen sich zur Behandlung von hohem Blutdruck und nervöser Erregbarkeit, das Öl der Früchte hilft bei Verstopfung.

Die Verwendung von Olivenöl (am besten kaltgepreßtes extranatives Olivenöl) zum Kochen und für die Zubereitung von Speisen wirkt sich auf die Gesundheit des Herzens sehr förderlich aus.

Olivenöl reduziert gefährliches Cholesterin, ohne das nützliche Cholesterin zu beeinträchtigen (dazu auch S. 53). Wegen seiner einfach gesättigten Fettsäuren besteht wenig Gefahr, daß sich freie Radikale bilden, wenn die Speisen bei niedriger Temperatur gegart werden.

Pflanzenteile

- *Blätter und Früchte*

Anwendung

- *Als Abführmittel 2 oder 3 Eßlöffel Öl einnehmen.*
- *Zur Förderung des allgemeinen Wohlbefindens täglich 1 oder 2 Eßlöffel Öl unter die Speisen mischen.*

Heilwirkung

- *Schützt das Herz*
- *Senkt den LDL-Cholesterinspiegel*
- *Senkt zu hohen Blutdruck*
- *Beruhigt die Nerven*
- *Hilft bei Verstopfung*

Kulinarisches

- *Olivenöl wie jedes andere Öl zum Kochen verwenden, aber nicht zu stark erhitzen. Das Öl eignet sich auch als Butterersatz. Die Oliven kann man hacken und zum Beispiel an italienische Pastasaucen und an Brotmischungen geben.*

Oliven (Olea europaea)

MAJORAN

Origanum majorana

DAS BELIEBTE KÜCHENKRAUT findet in vielen verschiedenen Speisen Verwendung. Es fördert die Verdauung und lindert Blähungen.

Majoran ist ein gutes Antiseptikum, denn er enthält viel Thymol. Außerdem hat er eine beruhigende Wirkung auf die Nerven, wirkt gegen Anspannung und Menstruationsbeschwerden. Das Öl eignet sich für eine Aromatherapie-Massage. Majoran hilft sogar bei Verstauchungen und Muskelschmerzen: Bei Verstauchungen als kalte, bei Schmerzen als heiße Kompresse anwenden. Bei Arthritis und Rheuma hat sich das Öl ebenfalls bewährt. Ein Majoranaufguß hilft bei Erkältungs- und Bronchitisbeschwerden.

Gekaute Majoranblätter können Zahnschmerzen vorübergehend lindern.

PFLANZENTEILE

- *Blätter und ätherisches Öl*

ANWENDUNG

- *Für eine Aromatherapie-Massage 6 Tropfen des ätherischen Öls mit 10 ml Mandelöl vermischen.*
- *Für einen Tee 2 Teelöffel getrocknete Blätter in 250 ml Wasser 5 Minuten ziehen lassen.*

HEILWIRKUNG

- *Regt die Verdauung an*
- *Wirkt entspannend*
- *Hilft bei Menstruationsbeschwerden*
- *Bekämpft Erkältungen*
- *Lindert Rheuma- und Arthritisbeschwerden*
- *Lindert Zahnschmerzen*

KÖRPERPFLEGE

- *Für ein entspannendes Bad einen Aufguß der Blätter ins Wasser geben.*

KULINARISCHES

- *Paßt zu Geschmortem und Gerichten mit Käse und Ei.*

ACHTUNG: In der Schwangerschaft meiden.

GINSENG

Panax ginseng

DER NAME PANAX ist von dem lateinischen Wort *panacea* abgeleitet, das Allheilkraut bedeutet. Schon vor etwa 5000 Jahren sprachen die Chinesen dem Ginseng viele Heilwirkungen zu. Innerlich angewandt, wirkt er wie ein Tonikum und stimuliert das zentrale Nervensystem. Er fördert die Abgabe von Hormonen zur Steigerung der Vitalität. Seine stimulierende Wirkung kann die Behandlung von Streß und chronischer Müdigkeit unterstützen.

Wie sich gezeigt hat, senkt Ginseng den Blutzucker- und Cholesterinspiegel und stärkt die Widerstandskräfte. Darüber hinaus soll er sogar aphrodisische Wirkungen haben.

PFLANZENTEILE
- *Wurzeln*

ANWENDUNG
- *Täglich bis zu 2 Wochen lang 2 Teelöffel Ginseng-Elixier einnehmen.*

HEILWIRKUNG
- *Stimuliert das zentrale Nervensystem*
- *Fördert die Vitalität*
- *Stärkt die Widerstandskräfte*
- *Senkt den Blutzucker- und Cholesterinspiegel*

ACHTUNG: Ginseng nicht länger als 1 Monat ohne Unterbrechung einnehmen. In bestimmten Fällen kann er Kopfschmerzen auslösen.

PETERSILIE

Petroselinum crispum

PETERSILIE FAND zum ersten Mal in einem frühen griechischen Pflanzenbuch aus dem 3. Jahrhundert v. Chr. Erwähnung. Von den Römern wurde sie in der Küche und für feierliche Bräuche verwendet. Sie ist reich an Vitamin A und C und enthält Flavonoide, die gegen allergische Reaktionen wirken, doch besitzt sie vor allem entgiftende Eigenschaften.

Innerlich angewandt, trägt Petersilie dazu bei, die Menstruation herbeizuführen und Menstruationsbeschwerden zu lindern. Sie ist ein wirksames Diuretikum und bekämpft Nierenbeschwerden. Außerdem hilft sie bei Blasen- und Prostataentzündung. Petersilie kann darüber hinaus Magenbeschwerden, Koliken und Blähungen lindern.

Wegen ihrer stimulierenden Wirkung auf die Gebärmutter sollten Schwangere auf den Genuß von Petersilie verzichten. Nach der Geburt kann sie allerdings die Milchbildung fördern.

Durch die Zugabe von Petersilie erhält man wunderbare Salatdressings.

PFLANZENTEILE

- *Samen, Blätter, Wurzeln und der Ölextrakt*

ANWENDUNG

- *Als Tinktur: zweimal täglich 20 Tropfen einnehmen.*

HEILWIRKUNG

- *Fördert die Milchbildung*
- *Lindert Menstruationsbeschwerden*
- *Wirkt bei Blasenkatarrh (Cystitis) entzündungshemmend*
- *Wirkt harntreibend*
- *Lindert Koliken und Magenbeschwerden*

KULINARISCHES

- *Petersilie gibt man an Saucen oder als Garnitur über Fisch-, Käse- und Eiergerichte.*
- *Sie paßt auch zu Dressings und Vinaigrettes.*

ACHTUNG: In der Schwangerschaft meiden.

KAWAPFEFFER

Piper methysticum

Die Insel Tonga in Polynesien ist Zentrum des Kawapfeffer-Handels.

Aus dieser Pfefferart bereiteten die Polynesier ein Getränk, das sie Kapitän Cook anboten und dessen Wirkung ihn veranlaßte, der Pflanze den botanischen Namen »berauschender Pfeffer« zu geben. Aus Kawapfeffer stellen die Melanesier während bestimmter Rituale immer noch ein Getränk her, welches das Bewußtsein erweitern soll.

Kräuterspezialisten verwenden die Pflanze heute, um das Nervensystem und die Durchblutung anzuregen. Dank der beruhigenden Wirkung heilt sie Schlaflosigkeit und Nervosität, und sie lindert Schmerzen bei Muskelkrämpfen und Arthritis.

Pflanzenteile
- *Wurzeln und Rhizome*

Anwendung
- *Täglich 2 Tabletten (100 mg) der getrockneten Pflanze einnehmen.*

Heilwirkung
- *Hilft bei Schlaflosigkeit*
- *Wirkt als Nerventonikum*
- *Wirkt belebend*
- *Lindert Muskelkrämpfe*
- *Hilft bei rheumatischen Gelenkschmerzen*

Kawapfeffer (Piper methysticum)

BREITWEGERICH

Plantago major

Den Breitwegerich entdeckte man in China um 206 v. Chr., wo er zu einer beliebten Heilpflanze wurde. Seine adstringierende Wirkung fördert Heilungsprozesse und macht ihn zu einem wirksamen schleimlösenden Mittel bei Atemwegsinfektionen.

Außerdem wird er bei Durchfall und entzündlichen Darmerkrankungen eingesetzt. Äußerlich angewandt, hilft er auch bei Ohrinfektionen, Wunden, Augenentzündungen und Hämorrhoiden.

Pflanzenteile

- *Blätter*

Anwendung

- *Als Tinktur: zweimal täglich 20 Tropfen einnehmen.*
- *Für die äußere Anwendung die Blätter zerreiben, den Saft auffangen und direkt auf die betroffene Stelle auftragen.*

Heilwirkung

- *Reinigt Wunden*
- *Hat eine antiseptische Wirkung*
- *Hilft bei Durchfall und entzündlichen Darmerkrankungen*
- *Hilft bei Ohren- und Augenentzündungen*

BLUTWURZ

Potentilla tormentilla

Die eher unscheinbare Pflanze besitzt sehr dicke, kräftige Wurzeln, die im Innern leuchtendrot gefärbt sind – daher auch der umgangssprachliche Name Blutwurz.

Blutwurz ist reich an adstringierenden Stoffen, die sie zu einer wichtigen Heilpflanze machen. Ihre Wirkung beruht vorrangig auf Tannin, und darum ist die Pflanze ein wirksames Mittel bei Durchfall und Entzündungen der Schleimhäute im Mund, Magen und in der Speiseröhre. Äußerlich angewandt, hilft Blutwurz bei der Heilung von Wunden und Schnittverletzungen.

Pflanzenteile
- *Rhizome*

Anwendung
- *Als Tinktur: zweimal täglich 2 Tropfen einnehmen.*
- *Äußerlich als Breiumschlag bei Wunden anwenden.*

Heilwirkung
- *Lindert Dickdarmentzündung*
- *Hilft bei Durchfall*
- *Lindert Halsschmerzen*
- *Entzündete Mundschleimhaut*
- *Fördert die Heilung von Wunden und Schnittverletzungen*

SCHLEHDORN

Prunus spinosa

Der Schlehdorn enthält sehr kräftige Wirkstoffe (Glykoside), welche die Peristaltik der Verdauungsorgane anregen, Übelkeit verursachen sowie Bauchkrämpfe und Erbrechen. Wird die Pflanze einige Jahre gelagert, verliert sich diese Wirkung.

Wegen dieser Eigenschaften wird der Schlehdorn als brechreizförderndes Mittel und, in geringen Mengen, als Abführmittel verwendet.

Pflanzenteile

- *Rinde und Früchte*

Anwendung

- *Als Tinktur: täglich 20 Tropfen einnehmen.*

Heilwirkung

- *Hat eine abführende Wirkung*
- *Fördert den Brechreiz*
- *Wirkt harntreibend*

Achtung: Die Wirkstoffe der Pflanze sind sehr stark. Eine zu hohe Dosis führt zu Erbrechen und Durchfall.

ROSMARIN

Rosmarinus officinalis

ROSMARIN IST REICH an ätherischen Ölen und ein hervorragendes Antiseptikum mit starker entzündungshemmender Wirkung. Der enthaltenen Karbolsäure verdankt er seine bakteriostatischen Eigenschaften. Nach der jüngsten Forschung soll Rosmarin sogar bei der Behandlung eines toxischen Schocks von Nutzen sein. Außer Frage steht auf jeden Fall seine Wirksamkeit als traditionelles, infektionsverhinderndes Mittel.

Innerlich verabreicht wird Rosmarin unter anderem bei Depressionen, Müdigkeit, Migräne und Spannungskopfschmerz, schlechter Durchblutung, Verdauungsstörungen sowie Blähungen. Rosmarin regt die Durchblutung an und hat eine beruhigende Wirkung auf die Verdauungsorgane.

Bei Rheuma und Muskelschmerzen lindert die äußere Anwendung von Rosmarinöl die Symptome. Das Öl vertreibt außerdem Insekten, und die getrockneten Blätter eignen sich für Potpourris und Duftsäckchen für den Kleiderschrank.

Ein Rosmarinaufguß wird traditionell als Shampoo verwendet, um den Haarwuchs zu fördern, sowie als aufhellende Spülung für blondes Haar.

*Rosmarin (*Rosmarinus officinalis*)*

PFLANZENTEILE

❦ *Blätter, blühende Spitzen und das ätherische Öl*

ANWENDUNG

❦ *Für die äußere Anwendung 6 Tropfen des ätherischen Öls mit 10 ml Mandelöl vermischen und zweimal täglich auf die betroffene Stelle auftragen.*

❦ *Als Tinktur: Zweimal täglich 10 Tropfen einnehmen.*

❦ *Für einen Tee 1 Teelöffel gehackte Blätter in 250 ml kochendheißes Wasser geben und 5 Minuten ziehen lassen.*

HEILWIRKUNG

❦ *Hat eine antiseptische Wirkung bei Schnittverletzungen und Wunden*

❦ *Dient als Antidepressivum*

❦ *Lindert Kopfschmerzen*

❦ *Fördert die Durchblutung und die Verdauung*

❦ *Lindert Blähungen*

KULINARISCHES

❦ *Paßt gut zu Lamm sowie Suppen und Eintöpfen. Für Rosmarinöl 1 frischen Rosmarinzweig zum Aromatisieren für 1 Monat in eine Flasche mit Öl geben. Das fertige Öl im Kühlschrank lagern, schnell verbrauchen.*

ACHTUNG: Das ätherische Öl nicht einnehmen.

HIMBEERE

Rubus idaeus

FOSSILIENFUNDE belegen, daß Himbeeren seit alters zur menschlichen Nahrung gehören. Auch in den Schriften Hippokrates' (460–370 v. Chr.) finden sie Erwähnung.

Die adstringierende Wirkung der Pflanze kann für Schwangere von Nutzen sein, da sie die Uterusmuskulatur während der Schwangerschaft stützt. Die Pflanze wird oft zur Vorbereitung auf die Geburt verabreicht sowie einige Monate danach, um die Gebärmuttermuskulatur wieder zu stärken. Bei Menstruationsbeschwerden ist Himbeertee sehr wirksam.

PFLANZENTEILE

- *Blätter und Früchte*

ANWENDUNG

- *Für einen Tee 1 Teelöffel Himbeerblätter (oder ein Fertigprodukt) in 250 ml kochendem Wasser ziehen lassen. Im letzten Drittel der Schwangerschaft Himbeertee zweimal täglich trinken.*
- *Bei Menstruationsbeschwerden den Tee nach Bedarf trinken.*

HEILWIRKUNG

- *Unterstützt die Wehen*
- *Stärkt die Uterusmuskulatur*

ACHTUNG: Die Einnahme in der Schwangerschaft sollte auf das letzte Drittel beschränkt sein.

MÄUSEDORN

Ruscus aculeatus

DIE MEDIZINISCHEN Wirkungen des Mäusedorns waren schon im 1. Jahrhundert n. Chr. bekannt. Hervorgehoben wurde seine Wirkung gegen Nierensteine. Mit Hilfe moderner Techniken konnte nun sein Wirkstoff identifiziert werden: eine organische Substanz, die Entzündungen durch die Verengung der Venen wirksam bekämpft.

Die Heilpflanze ist ein beliebtes mildes Diuretikum. Innerlich angewandt, fördert sie durch ihre belebende Wirkung die Durchblutung und hilft auch bei Hämorrhoiden. Auch die äußere Anwendung kann bei schmerzhaften Hämorrhoiden entsprechende Linderung bringen.

PFLANZENTEILE
- *Junge Triebe und Wurzeln*

ANWENDUNG
- *Als Tinktur: zweimal täglich 15 Tropfen einnehmen.*
- *Äußerlich als Creme nach Bedarf anwenden.*

HEILWIRKUNG
- *Fördert die Durchblutung*
- *Wirkt entzündungshemmend*
- *Harntreibende Wirkung, die bei geschwollenen Knöcheln hilft*
- *Lindert arthritisbedingte Schmerzen*

ACHTUNG: Bei hohem Blutdruck meiden.

SILBERWEIDE

Salix alba

DIE SILBERWEIDE enthält eine natürliche aspirinähnliche Substanz, die Salicylsäure, die 1838 das erste Mal für den Handel hergestellt wurde. Zu den bekannten Wirkungen von Aspirin gehören die fiebersenkende Eigenschaft, die Linderung arthritis- und rheumabedingter Gelenksteifigkeit, die Linderung von Kopfschmerzen und das Eindämmen von Entzündungen.

Bemerkenswert ist, daß die Einnahme von reiner Salicylsäure den Magen reizt, diese in der Silberweide jedoch zusammen mit Tanninen vorkommt, die den Magen schützen.

PFLANZENTEILE

Blätter und Rinde

ANWENDUNG

Als Tinktur: zweimal täglich nach dem Essen 20 Tropfen einnehmen.

HEILWIRKUNG

- *Hat eine entzündungshemmende Wirkung*
- *Unterstützt die Behandlung von Arthritis und Rheuma*
- *Wirkt fiebersenkend*

SALBEI

Salvia officinalis

IM 18. JAHRHUNDERT war der Salbei ein geschätztes Heilkraut und wurde mit langem Leben in Verbindung gebracht. Frisch geschnitten, weist er aufgrund des hohen Gehalts ätherischer Öle eine breite Palette von Düften auf.

Salbei ist ein leicht verfügbares Antiseptikum: Frischer Salbeisaft besitzt entzündungshemmende und antiseptische Wirkungen. Er eignet sich als Mundwasser sowie zum Gurgeln bei Mandel- und Kehlkopfentzündung. Äußerlich angewandt, kann er als Kompresse zur Förderung der Wundheilung dienen.

Salbeiextrakte haben eine entspannende Wirkung auf die glatte Muskulatur (wie sie bei den inneren Organen vorkommen kann) und wirken ähnlich wie Östrogene auf den weiblichen Organismus. Diese Wirkung kann sogar die Bildung von Muttermilch reduzieren oder unterdrücken. Übermäßige Milchabsonderung kann darum durch Salbei reguliert werden, und seine östrogenartigen Eigenschaften können Beschwerden in den Wechseljahren lindern. Salbei wurde außerdem zur Förderung der Fruchtbarkeit eingesetzt.

Bei Verdauungsstörungen hat er sich ebenfalls bewährt.

*Ein Tee aus Salbei (*Salvia officinalis*) ist ein wirksames Mittel gegen Streß.*

PFLANZENTEILE
- *Blätter*

ANWENDUNG
- *Als Tinktur: zweimal täglich 20 Tropfen einnehmen.*
- *Äußerlich als Kompresse bei Wunden anwenden.*

HEILWIRKUNG
- *Fördert die Fruchtbarkeit*
- *Lindert Beschwerden in den Wechseljahren*
- *Reduziert übermäßige Milchbildung stillender Mütter*
- *Wirkt antiseptisch und entzündungshemmend*

KULINARISCHES
- *Die Blätter eignen sich für einen schmackhaften Tee oder ganz traditionell als Würze für Bratenfüllungen. Salbei ergibt eine gute Garnitur für Gemüsesuppe. Sparsam dosieren.*

ACHTUNG: In der Schwangerschaft meiden und sparsam verwenden, da große Mengen Salbeis giftig sind.

MUSKATELLERSALBEI

Salvia sclarea

Es gibt insgesamt über 750 verschiedene Salbeiarten. Der Muskatellersalbei stammt aus der Mittelmeerregion und duftet nach Harz.

Sein ätherisches Öl wird zur Aromatherapie-Massage eingesetzt und besitzt zahlreiche Heilwirkungen. Es hat sich als Antidepressivum bewährt. Es wirkt beruhigend, dient als Tonikum und lindert Menstruationsbeschwerden. Das Öl läßt sich hervorragend mit Sandelholz (*Santalum album*) und Lavendel (*Lavandula officinalis*) kombinieren und kann auch bei Kindern ohne Bedenken angewandt werden.

Pflanzenteile

- *Ätherisches Öl*

Anwendung

- *Für eine Aromatherapie 3 Tropfen Öl mit 5 ml Mandelöl vermischen und wie gewohnt einmassieren.*
- *Für ein Bad für Kinder 2 Tropfen Öl mit 5 ml Mandelöl vermischen.*

Heilwirkung

- *Hilft bei Depressionen*
- *Wirkt beruhigend*
- *Lindert Menstruationsbeschwerden*

Achtung: In den ersten Schwangerschaftswochen meiden. Nicht in Verbindung mit Alkohol einnehmen.

SCHWARZER HOLUNDER

Sambucus nigra

BEI DEN ERSTEN ANZEICHEN einer Erkältung sollten Sie heißen Holundertee trinken. Die Körpertemperatur wird dadurch erhöht und Bakterien und Viren können besser bekämpft werden. Holunder ist ein sehr wirksames Dekongestionsmittel und kann mit vielen Heilpflanzen kombiniert werden, um Infektionen der Atemwege, Schnupfen und Schüttelfrost erfolgreich zu bekämpfen. Holunder hilft außerdem bei Heuschnupfen, Bronchitis und Nebenhöhlenentzündung. Seine Früchte lindern rheumatische Gelenkschmerzen.

Äußerlich angewandt, bringt Holunder bei Hautreizungen, Quetschungen, Verstauchungen und kleineren Wunden große Linderung. Man kann ihn als Aufguß oder Salbe auf die Haut auftragen. Holunderblütenwasser ist ein wirksames Mittel zur Verbesserung des Teints und läßt Sommersprossen verschwinden.

*Holunderblüten (*Sambucus nigra*)*

PFLANZENTEILE

❦ *Blätter, Rinde, Blüten und Früchte*

ANWENDUNG

❦ *Ein Sirup aus Holunderbeersaft, der mit Zucker aufgekocht wird, hilft bei Bronchitis und Erkältungen. Zweimal täglich einnehmen.*

❦ *Äußerlich als Creme nach Bedarf anwenden.*

HEILWIRKUNG

❦ *Hilft gegen Erkältungen und Grippe*

❦ *Erhöht die Körpertemperatur und unterstützt so die Bekämpfung von Infektionen*

❦ *Zur Behandlung von Nebenhöhlenentzündung*

❦ *Lindert Hautreizungen*

KÖRPERPFLEGE

❦ *Eignet sich für eine Reinigungsmilch und Lotion für zarte Haut.*

KULINARISCHES

❦ *Für Holunderbeerwein den Saft der Beeren mit etwas Zucker, Ingwer und einigen Gewürznelken kochen. Die Früchte eignen sich außerdem für Saucen und zum Einlegen.*

ACHTUNG: Die giftigen Samen des Holunderstrauchs nicht einnehmen. Die Früchte vor dem Verzehr stets garen.

HELMKRAUT

Scutellaria baicalensis

In chinesischen Schriften aus der Zeit von 25–220 n. Chr. wurde das Helmkraut erstmals erwähnt und ist seitdem Bestandteil medizinischer Präparate. Seine Wirkstoffe, etwa bestimmte, die Leberfunktion unterstützende Flavonoide, machen es zu einem wichtigen Heilmittel bei Lebererkrankungen. Es wirkt entzündungshemmend und hat sich als Entgiftungsmittel bei Durchfall und Rachenentzündungen bewährt. Helmkraut dient auch zur Behandlung von Angstzuständen, Depressionen und Schlaflosigkeit, da es die Nerven beruhigt.

Früher verwendeten die Cherokee-Indianer die Pflanze, um die Menstruation herbeizuführen.

PFLANZENTEILE

- *Wurzeln*

ANWENDUNG

- *Als Tinktur: zweimal täglich, 20 Tropfen nach dem Essen einnehmen.*

HEILWIRKUNG

- *Zur Behandlung von Lebererkrankungen*
- *Lindert Magen-Darm-Entzündungen*
- *Hilft bei Durchfall*
- *Lindert Halsschmerzen*
- *Kann bei Schlaflosigkeit helfen*

MARIENDISTEL

Silybum marianum

DIESE HOCHWIRKSAME HEILPFLANZE kann die Schäden einer giftigen Dosis des grünen Knollenblätterpilzes (*Amanita phalloides*) verhindern. Nachgewiesen wurde auch eine schützende Wirkung des Leberenzym-Systems durch die enthaltenen Silymarine.

Die Leberfunktion wird durch die Silymarine geschützt und auch gefördert, so daß neue Leberzellen entstehen. Dies kommt der Behandlung von Leberzirrhose und Hepatitis zunutze.

PFLANZENTEILE
- *Die ganze Pflanze*

ANWENDUNG
- *Als Tinktur: zweimal täglich 20 Tropfen einnehmen.*

HEILWIRKUNG
- *Schützt die Leber*
- *Bekämpft Hepatitis*
- *Kann die Regeneration beschädigter Leberzellen fördern*

BEINWELL

Symphytum officinale

BEINWELL GEHÖRT zu den bekanntesten Heilkräutern und ist mit dem Borretsch (*Borago officinalis*) verwandt. Seine medizinische Verwendung reicht viele Jahrhunderte zurück, er fördert zum Beispiel die Heilung von Knochenbrüchen. In jüngster Zeit konnte eine stickstoffhaltige Verbindung, ein sogenanntes Alkaloid isoliert werden, das für diese Heilwirkungen verantwortlich ist. Allerdings ist diese Substanz giftig und kann zu Schädigungen der Leber und zu Tumoren führen. Von der inneren Anwendung wird darum abgeraten.

Äußerlich angewandt, fördert Beinwell die Wundheilung. Cremes mit Zusätzen aus Beinwell sind ein bewährtes Mittel bei schlecht heilenden Wunden, Ekzemen, Schuppenflechte, Hämorrhoiden und Hautgeschwüren. Als Breiumschlag hilft Beinwell bei Verstauchungen und schweren Schnittverletzungen, lindert

Schmerzen und wirkt gegen Entzündungen. Er hilft auch bei Abszessen. Beinwellcreme wurde zur Behandlung von Brustdrüsenentzündung nach einer Entbindung eingesetzt. Doch wegen der giftigen Wirkungen sollte man darauf verzichten, falls die Gefahr besteht, daß der Säugling die Creme beim Stillen einnimmt.

PFLANZENTEILE
- *Blätter und Wurzeln*

ANWENDUNG
- *Äußerlich: die Creme nach Bedarf lokal anwenden.*
- *Als Breiumschlag nach Bedarf äußerlich anwenden.*

HEILWIRKUNG
- *Heilt Hautverletzungen*
- *Fördert die Wundheilung*
- *Hilft bei Hämorrhoiden*
- *Lindert Beschwerden durch Ekzeme und Schuppenflechte*
- *Wirksam bei Abszessen*
- *Hilft bei Verstauchungen*

KÖRPERPFLEGE
- *Für ein heilendes Bad einen Aufguß der Beinwellblätter ins Wasser geben.*
- *Eignet sich für eine Lotion für zarte Haut.*

*Beinwell (*Symphytum officinalis*) kann man für einen schützenden Lippenbalsam verwenden.*

ACHTUNG: Nicht einnehmen oder in der Stillzeit bei Brustdrüsenentzündung verwenden.

GEWÜRZNELKEN

Syzygium aromaticum

FRISCHE GEWÜRZNELKEN haben wenig Ähnlichkeit mit dem uns bekannten dunklen, getrockneten Gewürz. Quellen belegen, daß die Chinesen bereits um 600 n. Chr. Gewürznelken zu vielen Zwecken nutzten.

Ihr typisches Aroma verdanken sie dem ätherischen Öl Eugenol. Ein weiterer Wirkstoff, Methyl-Salizylat, konnte vor kurzem nachgewiesen werden und ist vermutlich für die schmerzstillenden Eigenschaften der Nelkenextrakte mitverantwortlich.

Bei Zahnschmerzen ist die Verwendung von Nelkenöl ratsam: Eine kleine Menge entweder direkt auf den Zahn geben oder, bei schwer erreichbaren Stellen, mit Hilfe eines Tupfers. Der Tupfer mit Nelkenöl sollte jedoch nicht zu lange auf einer Stelle verbleiben, um das umgebende Gewebe im Mund nicht zu reizen. Innerlich angewandt, können Gewürznelken bei Magenverstimmung, Übelkeit, Schüttelfrost und sogar Impotenz helfen.

PFLANZENTEILE

- *Blütenköpfe und das Öl*

ANWENDUNG

- *Bei Zahnschmerzen 2- oder 3mal täglich einige Tropfen Öl auf die betroffene Stelle geben.*
- *Einen Kräutertee mit 6 Gewürznelken 5 Minuten ziehen lassen.*

HEILWIRKUNG

- *Kann bei Magenverstimmungen helfen*
- *Hilft bei Erkältungen*
- *Lindert Zahnschmerzen*

KULINARISCHES

- *Gewürznelken verleihen Schinken ein besonderes Aroma: den Schinken mit einigen Gewürznelken spicken und gut einwickeln. Für ein aromatisches Öl einige Gewürznelken in eine Flasche mit Speiseöl geben. 1 Monat ziehen lassen. Kühl lagern und bald zum Kochen verwenden.*

FIEBERKLEE

Tanacetum parthenium

DIESE PFLANZE war Gegenstand vieler Studien. Einer ihrer zahlreichen Wirkstoffe (Parthenolid) blockiert die Wirkung von Serotonin, einem entzündlichen chemischen Stoff, der von den Blutplättchen abgegeben wird. Prostaglandine, hormonartige Substanzen, die von weißen Blutkörperchen freigesetzt werden, können Migräneanfälle verschlimmern, da sie die Blutversorgung des Gehirns beeinträchtigen. Wie durch Studien gezeigt wurde, ist Fieberklee ein gutes Migränemittel, da die Extrakte der Pflanze diese Vorgänge blockieren. Der Fieberklee hilft außerdem bei leichtem Fieber, Rheuma und Arthritis.

PFLANZENTEILE

- *Blätter und Stengel*

ANWENDUNG

- *Als Tinktur: zweimal täglich 20 Tropfen einnehmen.*

HEILWIRKUNG

- *Hilft bei Migräne*
- *Senkt leichtes Fieber*
- *Kann bei Gelenkschmerzen und Arthritis helfen*

ACHTUNG: In der Schwangerschaft meiden. Vom Verzehr der frischen Blätter wird abgeraten, da sie bei empfindlichen Menschen Geschwüre im Mund verursachen können.

RAINFARN

Tanacetum vulgare

SCHON SEIT DEM Mittelalter verwendet man Rainfarn als wirksames Mittel gegen Insekten. Werden die Blätter im Haus aufgehängt, vertreiben sie Fliegen.

Rainfarn besitzt verschiedene medizinische Wirkungen. Er ist ein wirksames menstruationsförderndes Mittel und gutes Antiparasitikum. Darum eignet er sich auch zur Bekämpfung von Spul- und Fadenwürmern im Verdauungstrakt. Er fördert außerdem die Verdauung und lindert Verdauungsbeschwerden.

Äußerlich angewandt, eignet sich Rainfarn zur Behandlung von Schorf und hilft bei Rheuma.

PFLANZENTEILE
- *Blätter*

ANWENDUNG
- *Äußerlich als Kompresse bei Schorf und rheumatischen Gelenken anwenden.*

HEILWIRKUNG
- *Fördert die Menstruation*
- *Bekämpft Würmer*
- *Regt die Verdauung an*
- *Lindert Verdauungsbeschwerden*
- *Hilft bei Rheuma*
- *Hilft bei Schorf*

KULINARISCHES
- *Frische Blätter kann man in kleinen Mengen für Salate und Eiergerichte verwenden.*

ACHTUNG: Nicht über einen längeren Zeitraum oder in der Schwangerschaft verwenden. Eine zu hohe Dosis Rainfarntee oder -öl kann äußerst gefährlich sein.

LÖWENZAHN

Taraxacum officinale

IN DER EUROPÄISCHEN Medizin tauchte der Löwenzahn erstmals 1480 auf, während er bei den Chinesen schon um 659 n. Chr. als Heilpflanze bekannt war. Löwenzahn ist ein starkes Diuretikum, was ihm im Volksmund auch den Namen »Bettpisser« einbrachte. Sein hoher Kaliumgehalt soll für die harntreibende Wirkung von Bedeutung sein, und dank dieser Eigenschaft empfiehlt er sich außerdem bei erhöhtem Blutdruck. Auch Leber und Gallenblase profitieren von der Pflanze, denn sie unterstützt die Funktion der Organe. Aus diesem Grund wurde Löwenzahn zur Behandlung von Hepatitis und Gallensteinen sowie Gicht und Hautproblemen, etwa Ekzemen, eingesetzt.

PFLANZENTEILE

- *Die ganze Pflanze*

ANWENDUNG

- *Als Tinktur: zweimal täglich 20 Tropfen einnehmen.*

HEILWIRKUNG

- *Fördert die Leberfunktion*
- *Fördert den Gallenabfluß*
- *Hilft bei Hautproblemen, etwa Ekzemen*
- *Senkt den Blutdruck*
- *Wirkt harntreibend*
- *Ist reich an Kalium*

KÖRPERPFLEGE

- *Zur Reinigung der Haut einen Aufguß aus Löwenzahnblättern ins Badewasser geben.*

KULINARISCHES

- *Frische Blätter kann man wie Spinat garen oder an Salate geben.*

THYMIAN

Thymus vulgaris

Der Thymian besitzt dank seines Wirkstoffs Thymol wertvolle antiseptische Eigenschaften. Das unterschiedliche Aroma der einzelnen Sorten wird durch die jeweilige Konzentration der enthaltenen Öle bestimmt. Seit langem setzt man Thymian als Heilmittel bei Atembeschwerden ein. Innerlich verabreicht, hilft er bei Husten und Erkältungen oder schwereren Erkrankungen wie Bronchitis und Asthma. Seine schleimlösende Wirkung macht ihn zu einem hilfreichen Mittel bei Entzündungen der Atemwege. Zur äußeren Anwendung kommt Thymian bei Gelenkschmerzen.

Pflanzenteile

- *Die ganze Pflanze*

Anwendung

- *Als Tinktur: zweimal täglich 20 Tropfen einnehmen.*
- *Für die äußere Anwendung 6 Tropfen des ätherischen Öls mit 10 ml Mandelöl vermischen und auf die betroffene Stelle auftragen.*

Heilwirkung

- *Hilft bei Blutandrang (Lunge) und Infektionen der Atemwege*
- *Lindert Asthmabeschwerden*
- *Hat eine antiseptische Wirkung*
- *Hilft bei Erkältungsbeschwerden*
- *Lindert Gelenkschmerzen*

Kulinarisches

- *Thymian ist ein wichtiger Bestandteil eines Bouquet garni. Thymian paßt als Gewürz zu Suppen, Fleisch- und Fischgerichten und verleiht Marinaden ein besonderes Aroma.*

Achtung: Das ätherische Öl nicht einnehmen. Thymian in der Schwangerschaft meiden.

BOCKSHORNKLEE

Trigonella foenum-graecum

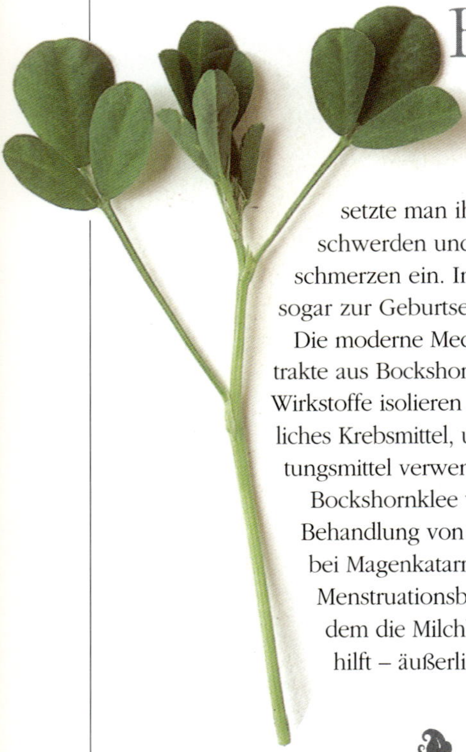

BOCKSHORNKLEE VERWENDETE man bereits um 1500 v. Chr., und seine Wirkungen hielten die Ägypter in Schriften fest. Da er Muskelkrämpfe lindert, setzte man ihn bei Menstruationsbeschwerden und zur Linderung der Wehenschmerzen ein. In früheren Kulturen wurde er sogar zur Geburtseinleitung angewandt.

Die moderne Medizin interessiert sich für Extrakte aus Bockshornklee, seit man zwei seiner Wirkstoffe isolieren konnte: Trigonellin, ein mögliches Krebsmittel, und Saponine, die für Verhütungsmittel verwendet werden können.

Bockshornklee wurde traditionell für die Behandlung von Altersdiabetes genutzt sowie bei Magenkatarrh, Verdauungsstörungen und Menstruationsbeschwerden. Er fördert außerdem die Milchbildung stillender Mütter und hilft – äußerlich angewandt – bei Arthritis.

PFLANZENTEILE
- *Blätter und Samen*

ANWENDUNG
- *Als Tinktur: zweimal täglich 20 Tropfen einnehmen.*
- *Äußerlich als Breiumschlag. Dafür frisch zerstoßene Samen mit etwas Wasser vermischen.*

HEILWIRKUNG
- *Hilft bei Menstruationsbeschwerden*
- *Kann die Milchbildung fördern*
- *Regt die Verdauung an*
- *Hilft bei der Regulierung des Blutzuckerspiegels*
- *Lindert arthritische Gelenkbeschwerden*

KULINARISCHES
- *Bockshornklee-Samen verleihen Erbsensuppen und gegarten Möhren ein würziges Aroma.*

HUFLATTICH

Tussilago farfara

DIESE HEILPFLANZE wurde bereits um 23–79 v. Chr. angewandt: Damals verbrannte man die Blätter und Wurzeln über Kohlenfeuer, um den entstehenden Rauch als Mittel gegen hartnäckigen Husten zu inhalieren. In klassischer Zeit wurde Huflattich zur Behandlung von Asthma und bei Lungenödem (Wasseransammlung in der Lunge) geraucht.

Der im Geschmack an Süßholz erinnernde Huflattich dient zur Bekämpfung von Atemkrämpfen. Bei Husten erweist er sich als gutes schleimlösendes Mittel, doch wirkt er vor allem gegen Entzündungen gereizter Schleimhäute der Atemwege. Äußerlich angewandt, hilft er bei Hautentzündungen, besonders bei Ekzemen und Dermatitis.

PFLANZENTEILE

- *Blüten und Blätter*

ANWENDUNG

- *Als Tinktur: zweimal täglich nach dem Essen 20 Tropfen einnehmen.*
- *Äußerlich als Kompresse bei Ekzemen oder Dermatitis.*

HEILWIRKUNG

- *Lindert Hustenbeschwerden und wirkt schleimlösend*
- *Hilft bei Asthma*
- *Hilft bei Bronchitis und Kehlkopfentzündung*
- *Hat bei Hautentzündungen eine lindernde Wirkung*

BERGLORBEER

Umbellularia californica

DER BERGLORBEER ist in Kalifornien heimisch und seine Blätter sind ein wirksames Mittel gegen Insekten. Die Pflanze verströmt einen kräftigen, kampferartigen Duft. Sie wird bei der Behandlung von Kopfschmerzen und Nebenhöhlenentzündung zum Inhalieren eingesetzt. Als traditionelles Mittel bei Kopfschmerzen und Neuralgien legt man die Blätter als Breiumschlag auf die schmerzenden Stellen.

PFLANZENTEILE

- *Blätter*

ANWENDUNG

- *Als Aufguß: täglich 2 oder 3 Tassen (475-750 ml) trinken.*
- *Als Tinktur: zweimal täglich 25 Tropfen einnehmen.*

HEILWIRKUNG

- *Lindert Kopfschmerzen*
- *Hilft bei Neuralgien*

KULINARISCHES

- *Wie Lorbeerblätter in Fleischgerichte oder Eintöpfe geben.*

ACHTUNG: Auf keinen Fall die Wurzeln des Berglorbeers verwenden. Sie sind krebserregend.

GROSSE BRENNESSEL

Urtica dioica

ZUR BEHANDLUNG rheumatischer Erkrankungen wurden Brennesseln bereits im alten Rom verwendet. Man schlug mit den Zweigen auf die betroffenen Gelenke, um eine entzündliche Reaktion hervorzurufen, die die Beschwerden linderte.

Brennesseln enthalten viele Nährstoffe, vor allem die Vitamine A, B und C, sowie Kieselerde und andere Mineralien. Die adstringierenden Eigenschaften können die Durchblutung vermindern, Blutungen bekämpfen und den Blutdruck senken.

Brennesseln helfen auch bei Nasenbluten. Innerlich angewandt, tragen sie dazu bei, den Ernährungszustand von Patienten mit Anämie auszugleichen. Sie können starke Monatsblutungen regulieren. Arthritis, Gicht und Rheuma werden gelindert – möglicherweise dank ihrer harntreibenden Wirkung.

PFLANZENTEILE

Die ganze Pflanze und Blätter

ANWENDUNG

Als Tinktur: zweimal täglich 20 Tropfen einnehmen

HEILWIRKUNG

Lindert Arthritis- und Rheumabeschwerden

Unterstützt die Behandlung von Anämie

Stoppt Blutungen

KÖRPERPFLEGE

Eignet sich für ein Shampoo gegen Schuppen.

KULINARISCHES

Die jungen Blätter kann man wie Spinat garen oder für Suppen pürieren. Brennesseln eignen sich zur Herstellung von Wein oder Bier.

ACHTUNG: Brennesseln stets gegart verzehren. Die rohen Pflanzen sind giftig und können die Nieren schädigen.

MOOSBEERE

Vaccinium macrocarpon

IN EINER JÜNGEREN Studie wird der jährliche Verbrauch der Moosbeere (großfruchtige Preiselbeere) allein in den Vereinigten Staaten auf über 80 Millionen Kilo geschätzt. Diese Menge entspricht einem Wert von 1,25 Billionen Dollar!

Die Beeren bestehen aus über 80 % Wasser und sind sehr reich an Vitamin C. Ihr Gehalt an Zitronensäure übertrifft sogar den von Zitronen.

Die Verwendung der Moosbeeren zu medizinischen Zwecken läßt sich bis ins 17. Jahrhundert zurückverfolgen. Damals wurden

Moosbeere (Vaccinum macrocarpon)

sie zur Behandlung von Magen- und Leberbeschwerden eingesetzt. Sie sind ein bewährtes Mittel bei Blaseninfektionen. In Studien konnte ein natürliches Polymer (Arbutin) festgestellt werden, das die Bakterien daran hindert, sich an der Blasenwand und im Harnsystem festzusetzen. Eine frühere Theorie besagte, daß der Harn durch die Moosbeeren sauer wird und die Bakterien absterben. Dem widerspricht jedoch die Entdeckung, daß sich die Bakterien aufgrund der Fruchtextrakte nicht mehr an den Wänden des Harnsystems festsetzen können.

Moosbeeren eignen sich hervorragend zum Einmachen.

PFLANZENTEILE

- *Früchte*

ANWENDUNG

- *Bei akuten Beschwerden zweimal täglich 2 Tabletten (100 mg) der Beeren einnehmen. Im folgenden Monat die Menge auf 1 Tablette (50 mg) reduzieren.*
- *Zweimal täglich 1 Teelöffel Moosbeerenpulver (Fertigprodukt) in 150 ml Wasser aufgelöst einnehmen. Im folgenden Monat auf ½ Teelöffel reduzieren.*

HEILWIRKUNG

- *Hilft bei Blasenkatarrh*
- *Reinigt das Harnsystem*

KULINARISCHES

- *Die Früchte eignen sich zum Einmachen.*

HEIDELBEERE

Vaccinium myrtillus

DIE HEIDELBEERE schmeckt nicht nur hervorragend: Sie ist auch reich an nützlichen Wirkstoffen. Glykoside regulieren den Blutzuckerspiegel, während andere Wirkstoffe, sogenannte Anthozyanoside, die Durchblutung fördern, indem sie die Blutgefäße erweitern. In der Heidelbeere ist außerdem eine besondere Substanz (Arbutin) enthalten, die auf das Harnsystem eine starke antiseptische Wirkung hat und sich hervorragend zur Behandlung von Blasenkatarrh eignet.

Im Zweiten Weltkrieg erhielten Piloten der britischen Luftwaffe Heidelbeerkonserven, um ihr Nachtsehvermögen zu fördern. Jüngste Studien haben tatsächlich ergeben, daß Heidelbeerextrakt Sehpurpur (einen chemischen Stoff, der das Nachtsehvermögen erhält) erneuern kann und dadurch die Sehkraft verbessert.

PFLANZENTEILE
Blätter und Früchte

ANWENDUNG
Als Tinktur: zweimal täglich 20 Tropfen einnehmen.

HEILWIRKUNG
Verbessert die Sehkraft
Reguliert den Blutzuckerspiegel
Hilft bei Blasenkatarrh

KULINARISCHES
Eingekochte Heidelbeeren sind sehr beliebt. Die Früchte passen zu Salaten oder Desserts.

BALDRIAN

Valeriana officinalis

DIE BEZEICHNUNG »VALERIANA« ist von dem lateinischen Wort *valere* abgeleitet, das »gesund sein« bedeutet. Diese Heilpflanze ermöglicht uns, gesund zu werden, indem sie für ruhigen Schlaf und Entspannung sorgt, so daß die selbstheilenden Kräfte des Körpers dort wirken können, wo sie am nötigsten gebraucht werden.

Zu den traditionellen Anwendungsgebieten für Baldrian gehören die Behandlung von Hysterie, Krämpfen, Verdauungsbeschwerden, Bluthochdruck, Menstruationsbeschwerden, Herzklopfen und natürlich Schlaflosigkeit.

Für eine besonders beruhigende Wirkung kann man Baldrian und Passionsblume kombinieren (*Passiflora incarnata*). Zusammen mit Süßholz (*Glycyrrhiza glabra*) oder Ysop (*Hyssopus officinalis*) ist er ein gutes Hustenmittel. Als Mundwasser hilft er außerdem bei Geschwüren im Mund.

PFLANZENTEILE

- *Rhizome, Wurzeln, Ölextrakt*

ANWENDUNG

- *Als schlafförderndes Mittel 25 Tropfen der Tinktur vor dem Schlafengehen einnehmen.*
- *Den abgekühlten Aufguß als Mundwasser verwenden.*

HEILWIRKUNG

- *Wirkt beruhigend*
- *Fördert einen erholsamen Schlaf*
- *Hilft bei Panikanfällen*
- *Lindert Muskelspannung*
- *Lindert Menstruationsbeschwerden*

KÖNIGSKERZE

Verbascum thapsus

IN DER VOLKSMEDIZIN werden mit der Königskerze Erkrankungen der Atemwege behandelt, etwa Husten oder Asthma. Sie wurde traditionell bei Leiden wie Tuberkulose eingesetzt und sogar mit Hexerei in Verbindung gebracht. Man glaubte, daß Hexen aus den Härchen auf der Blattoberseite Zaubertränke bereiteten. Auch die Stiele fanden Verwendung: In Talg getaucht, dienten sie den Griechen und Römern als Fackeln.

Die Königskerze wirkt schleimlösend und entzündungshemmend, sie lindert trockenen Hustenreiz und fördert auf diese Weise das Abhusten.

PFLANZENTEILE

- *Blätter*

ANWENDUNG

- *Für einen Aufguß 2 Teelöffel getrocknete Blätter in 250 ml kochendheißes Wasser geben, 5 Minuten ziehen lassen.*
- *Eine Tinktur aus den Blüten bei Husten und Halsentzündung einnehmen.*
- *Eine Tinktur aus den Blättern einnehmen, um das Abhusten zu fördern.*

HEILWIRKUNG

- *Lindert trockenen Hustenreiz*
- *Hat eine beruhigende Wirkung*
- *Wirkt harntreibend*
- *Wirkt schleimlösend*
- *Wirkt entzündungshemmend*

KÖRPERPFLEGE

- *Für eine aufhellende Haarspülung einen Aufguß der getrockneten Blüten verwenden.*

EISENKRAUT

Verbena officinalis

Seit langem nutzt man Eisenkraut zu medizinischen Zwecken, besonders bei Nervenleiden.

Innerlich verabreicht, kann Eisenkraut bei Depressionen helfen, die häufig nach einer Krankheit auftreten, und streßbedingte Kopfschmerzen und Migräne lindern.

Die enthaltenen Bittermittel regen die Leberfunktion an und helfen bei Hepatitis und Gelbsucht. Eisenkraut fördert außerdem die Verdauung. Seine harntreibende Wirkung unterstützt die Ausscheidung überschüssiger Gewebeflüssigkeit.

Darüber hinaus ist es ein wirksames menstruationsförderndes Mittel und ein leichtes Sedativum.

Eisenkraut hilft bei Augenentzündungen, Insektenstichen und Verstauchungen.

Pflanzenteile

- *Blätter*

Anwendung

- *Für einen Tee 2 Teelöffel getrocknete Blätter mit 150 ml kochendheißem Wasser aufgießen. Vor dem Trinken 5 Minuten ziehen lassen.*
- *Äußerlich den verdünnten Aufguß zur Linderung bei entzündeten Augen anwenden.*
- *Äußerlich als Breiumschlag bei Insektenstichen und kleineren Verletzungen anwenden.*
- *Für die äußere Anwendung als Salbe bei Ekzemen geeignet.*

Heilwirkung

- *Hilft bei Depressionen*
- *Regt die Verdauung an*
- *Hilft bei Nervenleiden*
- *Bringt bei Hepatitis und Gelbsucht Linderung*
- *Führt die Menstruation herbei*
- *Wirkt harntreibend*
- *Hat eine schlaffördernde Wirkung*
- *Lindert Augenentzündungen*

Achtung: In der Schwangerschaft meiden, da Eisenkraut die Uterusmuskulatur stimuliert.

GEMEINER SCHNEEBALL

Viburnum opulus

SCHON SEIT LANGEM werden der Gemeine Schneeball sowie eine eng verwandte Art (*Viburnum prunifolium*) zur Behandlung von Menstruationsbeschwerden eingesetzt. Die Pflanzen enthalten biologische Wirkstoffe, die eine entspannende Wirkung auf den Uterus haben und dadurch Krämpfe lösen können. Der Schneeball wird außerdem bei Risikoschwangerschaften und erhöhtem Blutdruck eingesetzt.

PFLANZENTEILE

- *Rinde*

ANWENDUNG

- *Als Tinktur: zweimal täglich 20 Tropfen einnehmen.*

HEILWIRKUNG

- *Lindert Menstruationsbeschwerden*
- *Kann Fehlgeburten verhindern*
- *Senkt erhöhten Blutdruck*

ACHTUNG: Auf keinen Fall die rohen Früchte essen. Sie sind giftig.

PALMLILIE

Yucca gloriosa

DAS IN DER Palmlilie enthaltene Saponin wirkt bewiesenermaßen gegen Gifte, die von den Bakterien im Magen aufgenommen werden und vermutlich für die Zerstörung von Gelenkknorpeln verantwortlich sind. Da die Palmlilie bereits die Aufnahme der Gifte blockiert, ist sie möglicherweise für die Behandlung von Arthritis von therapeutischem Nutzen. Dafür spricht auch die traditionelle Verwendung durch die Ureinwohner Amerikas bei entzündeten Gelenken und Rheuma.

PFLANZENTEILE

- *Pflanzensaft*

ANWENDUNG

- *Täglich 2 Tabletten (100 mg) einnehmen.*

HEILWIRKUNG

- *Wirkt entzündungshemmend*
- *Lindert Rheumabeschwerden*
- *Hilft möglicherweise bei Arthritis*

INGWER

Zingiber officinale

DER WIRKSTOFF VON Ingwer heißt Gingerol. Die Tatsache, daß getrockneter Ingwer schärfer ist als die frischen Rhizome, versetzte immer wieder in Erstaunen. Doch wie festgestellt werden konnte, zerfällt Gingerol beim Trocknen in chemische Stoffe, die doppelt so stark und damit scharf sind.

Ingwer ist vor allem ein gutes Mittel gegen Brechreiz und Reiseübelkeit. Bewährt hat sich die Anwendung bei Morgenübelkeit schwangerer Frauen. Die empfohlene Dosis kann ohne Bedenken eingenommen werden, zu große Mengen sind mitunter gefährlich.

Ingwer fördert die Magensaftabsonderung und hilft bei Blähungen. Er wurde sowohl äußerlich als auch innerlich zur Behandlung von Hautreizungen eingesetzt.

Dank seiner wärmenden Wirkung kann er bei Erkältungen und Grippe die Immunitätsreaktion fördern. Ingwer ist ein wirksames Diaphoretikum mit stark schweißtreibenden Eigenschaften. Er eignet sich auch zum Gurgeln und lindert Halsentzündungen.

Ein Dressing mit Ingwer (Zingiber officinale) harmoniert hervorragend mit Obstsalaten.

PFLANZENTEILE

- *Rhizome und der Ölextrakt*

ANWENDUNG

- *Als Tinktur: zweimal täglich 25 Tropfen einnehmen.*
- *Für einen Tee eine Scheibe frischen Ingwer zerdrücken und mit heißem Wasser aufgießen.*

HEILWIRKUNG

- *Hilft gegen Brechreiz*
- *Hilft bei Morgenübelkeit*
- *Lindert Erkältungs- und Grippebeschwerden*
- *Wirkt schweißtreibend*
- *Lindert Blähungen*
- *Fördert die Immunitätsreaktion*

KULINARISCHES

- *Etwas frisch gehackter Ingwer verleiht gebratenem chinesischem Gemüse, Currys oder einer Früchtebrotmischung ein aromatisch-frisches Aroma.*
- *Für Ingwer-Dressing 150 ml Wasser mit 50 g Zucker in einem Topf unter Rühren schwach erhitzen, bis sich der Zucker aufgelöst hat. Aufkochen und 1 Minute ohne Rühren leicht kochen lassen. Vom Herd nehmen und 150 ml Ingwerwein, 2 in Sirup eingelegte, gehackte Ingwerstücke sowie die abgeriebene Schale und den frisch gepreßten Saft von 1 ½ Limetten hinzufügen.*

PFLANZEN-PRÄPARATE

WICHTIGER HINWEIS:
Ehe Sie eine Behandlung mit selbst zusammengestellten Kräutern in Betracht ziehen, sollten Sie auf jeden Fall einen Spezialisten aufsuchen. Die medizinische Verwendung von Kräutern ist nur dann erfolgreich und sicher, wenn diese richtig angewandt werden. Alle Informationen in unserem Handbuch wurden mit größter Sorgfalt zusammengestellt, dennoch können die enthaltenen Hinweise die Anleitungen durch Experten nicht ersetzen.

PFLANZENPRÄPARATE FÜR KINDER

Roter Sonnenhut (Echinacea purpurea) *unterstützt das Immunsystem.*

Fieber

Fieber muß nicht immer gefährlich sein, doch sollten Sie eine erhöhte Temperatur bei Ihrem Kind aufmerksam verfolgen. Die durchschnittliche Körpertemperatur beträgt etwa 37 °C. Eine niedrigere Temperatur kann auf einen Schock hindeuten oder auf eine sehr starke Abkühlung – wenn Sie zum Beispiel Ihr fiebriges Kind mit kaltem Wasser kühlen –, oder aber sie kann ein Vorbote dafür sein, daß das Fieber bald ansteigen wird, beispielsweise auf 39 °C oder sogar mehr. Eine erhöhte Temperatur von bis zu 38,8 °C gilt als leichteres Fieber. Bei sehr hohem Fieber von 39,2–40,3 °C oder mehr sollten Sie unbedingt einen Arzt zu Rate ziehen. Derart hohes Fieber kann überaus gefährlich sein.

Grundlegende natürliche Heilverfahren reichen oft aus, Ihrem Kind bei leichterem Fieber zu helfen. Wenn Ihr Kind Fieber hat, jedoch nicht schwitzt, sollten Sie ein natürliches schweißtreibendes Mittel ausprobieren – ein sogenanntes Diaphoretikum. Ein heißer Tee aus Schwarzem Holunder (*Sambucus nigra*) oder Römischer Kamille

Schweißtreibende Rezeptur

Für einen Absud
2 Eßlöffel eines Pflanzenpräparats auf 500 ml Wasser verwenden. Etwa 1 oder 2 Tassen (250–475 ml) heiß trinken. Dazu ein warmes bis heißes Bad nehmen.

(*Chamaemelum nobile*) hat eine bemerkenswert stimulierende Wirkung und ist somit ein gutes Mittel gegen Fieber.

Um das Immunsystem zu unterstützen, sollte in regelmäßigen Abständen Roter Sonnenhut (*Echinacea purpurea*) verabreicht werden. Seine antibakteriellen und Viren bekämpfenden Eigenschaften helfen bei zahlreichen Erkrankungen.

Magenverstimmung und Durchfall

Kinder leiden von Zeit zu Zeit an einer unspezifischen Infektion oder anderen Erkrankungen, die akuten Durchfall und Magenschmerzen in Verbindung mit leichtem Fieber auslösen können.

Andere Gründe dafür sind etwa eine Lebensmittelvergiftung, ein neues Nahrungsmittel (oft fettreiches Essen), Überreiztheit und Angst, sehr kaltes oder gekühltes Essen, zuviel Essen, zuviel Sonne sowie seelische oder körperliche Probleme.

Bei Durchfall ist eine Tinktur aus Löwenzahn (*Taraxacum officinale*) oder Blutwurz (*Potentilla erecta*) zu empfehlen. Achtung: Durchfall kann lebensbedrohlich sein. Wenn sich der Durchfall nicht zu bessern scheint und Ihr Kind immer mehr dehydriert, sollten Sie umgehend einen Arzt zu Rate ziehen. Während sich Ihr Kind langsam von einer Magenverstimmung erholt, kann es noch einige Zeit dauern, bis es wieder normalen Appetit hat. In diesem Fall kann die Einnahme von Tausendgüldenkraut (*Centaurium erythraea*) helfen.

Rezeptur für die Rehydration

200 ml
Wasser abkochen. Abkühlen lassen und 1 Teelöffel Zucker, 1 kräftige Prise Natron und 1 kleine Prise Salz hineingeben. So lange rühren, bis sich alles aufgelöst hat. Die abgekühlte Lösung Ihrem Kind verabreichen.

Häufige Kinderkrankheiten

Windpocken Diese auch als *Varicella* bekannte Kinderkrankheit gehört zu den ansteckensten Erkrankungen, die wir kennen.

Der mit der Krankheit einhergehende Hautausschlag kann mit Salbe aus Echter Aloe (*Aloe vera*) oder mit Lotion aus Römischer Kamille (*Chamaemelum nobile*) behandelt werden. Auch ein Tee aus Schafgarbe (*Achillea millefolium*), Römischer Kamille (*Chamaemelum nobile*) oder Orangenwurzel (*Hydrastis canadensis*) ist hilfreich. Eine Tinktur aus Rotem Sonnenhut (*Echinacea purpurea*) sollte prophylaktisch eingenommen werden.

Erkältung Vor einer Erkältung ist man nie ganz sicher, doch mit natürlichen Heilverfahren können Sie die leichteren Beschwerden lindern und Ihr Kind vor regelmäßigen Erkältungen schützen. Zur Vorbeugung kann eine tägliche Dosis Roter Sonnenhut helfen und eine ausgewogene, mit Vitamin C angereicherte Ernährung. Vitamin-C-Präparate sind ratsam, wenn Ihr Kind wenig Obst und Gemüse ißt. Bei hartnäckigem Husten hilft Salbeitee, bei festsitzendem Bronchialschleim kann Tee aus Bockshornklee (*Trigonella foenum-graecum*) oder Ingwer (*Zingiber officinale*) wirksam sein. Darüber hinaus hilft eine Tinktur aus Orangenwurzel (*Hydrastis canadensis*) hilft, die Infektion zu bekämpfen.

Ein Tee aus Ingwer, Fenchel und Honig ist ein hervorragendes Erkältungsmittel.

Masern Tinkturen aus Schafgarbe (*Achillea millefolium*) und Rotem Sonnenhut (*Echinacea purpurea*) unterstützen auf natürliche Weise die Genesung. Auch ein Tee aus Schafgarbe mit einigen Tropfen Tinktur aus Rotem Sonnehut kann sehr wohltuend sein. Um den Appetit anzuregen, empfiehlt es sich, eine Tinktur aus Sauerdorn (*Berberis vulgaris*) zu verabreichen.

Mumps Für Mumps gibt es keine spezielle Behandlungsmethode, doch beruhigen sich die Drüsen innerhalb von zehn Tagen. Naturheilverfahren können die Gesundung unterstützen.

Ekzeme und Schuppenflechte

Ekzeme und Schuppenflechte werden zum Teil durch ein und dieselben Faktoren ausgelöst. Auslöser der Hauterkrankungen sind in beiden Fällen meist Streß und Angstzustände. Die Gründe dafür sind unbekannt. Allerdings werden durch Streß bestimmte Hormonspiegel erhöht, welche die Blutversorgung der Haut fördern, und eine bestehende Reizung kann sich so entzünden. Als weiterer gemeinsamer Faktor wurde beobachtet, daß der Stoffwechsel von essentiellen Fettsäuren und Mikronährstoffen wie Selenium und Zink gestört zu sein scheint.

Die Reizung kann mit einem Ungleichgewicht entzündungsfördernder Chemikalien, etwa Histaminen, in Zusammenhang stehen sowie mit trockenen Schuppen. Erhabene Hautpartien werden durch eine übermäßige Produktion tieferer Hautschichten bedingt, die schnell an die Oberfläche wandern. Bisher sind die Auslöser solcher Veränderungen leider noch unbekannt. Einige glauben, daß Lebensmittelallergien oder der Kontakt mit Chemikalien sie auslösen, und in einigen Fällen trifft dies sicherlich auch zu. Doch meist besteht gleichzeitig eine Mangelerscheinung. Selenium und Zink sowie andere Mikronährstoffe werden für eine gesunde Entwicklung der Hautzellen benötigt. Wird einen Monat lang eine ausgleichende tägliche Dosis Zink und Selenium eingenommen sowie im Folgemonat eine geringere Dosis, müßte der Mangel behoben sein.

Hautentzündungen behandelt man am besten, indem man den Fettsäure-Stoffwechsel verbessert. Unter den vielen essentiellen Fettsäuren scheinen Linolsäure sowie die Omega-Fette 3 und 6 für die Haut am wichtigsten zu sein. Linolsäure ist wahrscheinlich die bekannteste essentielle Fettsäure; sie wird aus den Samen von Borretsch (*Borago officinalis*) und Schinkenkraut (*Oenothera biennis*) gewonnen. Das einzige natürliche Vorkommen von Linolsäure ist Muttermilch, und dies mag teilweise erklären, warum manche Flaschenkinder unter Ekzemen leiden. Die Omega-Fette 3 und 6 kommen vor allem im Fisch vor, aber auch in Meeresalgen und im Fleisch von Meeressäugetieren wie Seehunden und Walen. Leinöl, das Öl von Leinsamen (*Linum usitatissimum*), enthält ausgewogene Mengen all dieser Fettsäuren.

Eine interessante Pflanze, als *Plectranthus barbatus* oder auch *Coleus forskohlii* bekannt, scheint ein vielversprechendes Mittel gegen Schuppenflechte zu sein. Am besten nimmt man den getrockneten Extrakt als Tablette oder Kapsel ein.

Asthma und Heuschnupfen

Asthma und Heuschnupfen scheinen sehr oft Hand in Hand zu gehen. Sie können beide durch Allergien ausgelöst werden, meist durch eingeatmete Auslöser, doch gibt es auch andere Entstehungsfaktoren, etwa Lebensmittelunverträglichkeit.

Zur Untersuchung einer Lebensmittelallergie empfiehlt es sich, den Auslöser in einer Diät festzustellen. Doch sollte dies unter fachkundiger Anleitung geschehen, um während der Testphase eine ausgewogene Ernährung zu gewährleisten. Für die Behandlung von Asthma und Heuschnupfen bei Kindern werden meist Heilpflanzen wie Helmkraut (*Scutellaria baicalensis*), Süßholz (*Glycyrrhiza glabra*), Knoblauch (*Allium sativum*) und Engelwurz (*Angelica archangelica*) eingesetzt.

Helmkraut
(Scutellaria baicalensis)

Knoblauch (*Allium sativum*) sorgt dafür, daß ein spezielles Enzym (Lipoxygenase) blockiert wird. Dieses Enzym ist zu einem großen Teil für die entzündliche Reaktion verantwortlich, die durch die Einnahme von Knoblauchextrakt verhindert werden kann.

Engelwurz (*Angelica archangelica*) hilft vor allem denen, die unter Allergien gegen Pollen, Staub oder tierische Hautschuppen leiden. Diese Allergiestoffe spielen bei der Entstehung von Heuschnupfen und Asthma eine wichtige Rolle.

Süßholz (*Glycyrrhiza glabra*) hat ebenfalls entzündungshemmende und antiallergische Eigenschaften mit kortisonähnlicher Wirkung. Kortikosteroide kommen bei der Langzeitbehandlung von Asthma häufig zum Einsatz. Süßholzextrakt besitzt keine der Nebenwirkungen von Kortikosteroiden, doch viele ihrer Vorteile. Die entzündliche Wirkung von Asthma wird mit diesem Extrakt bekämpft.

Helmkraut (*Scutellaria baicalensis*) wird wegen seiner entzündungshemmenden Eigenschaften schon seit vielen Jahren zur Behandlung von Arthritis verwendet. Die Pflanze ist reich an Flavonoiden, die eine ähnliche Wirkung haben wie einige Asthmamittel.

Häufige Beschwerden und Heilmittel

Koliken
- Dillextrakt (*Anethum graveolens*)
- Fenchelwasser (*Foeniculum vulgare*)
- Ingwertinktur (*Zingiber officinale*)
- Gewürznelkentinktur (*Syzygium aromaticum*)

Verstopfung
- Süßholzextrakt (*Glycyrrhiza glabra*)
- Sauerdorntinktur (*Berberis vulgaris*)

Husten
- Holundersirup (*Sambucus nigra*)
- Breitwegerichtinktur (*Plantago major*)
- Eibischtee (*Althaea officinalis*)

Husten mit Auswurf
- Tinktur aus Rotem Sonnenhut (*Echinacea purpurea*)
- Tee aus Ingwer (*Zingiber officinale*) und Fenchel (*Foeniculum vulgare*) mit Honig

Kopfschorf
- Tinktur aus Großer Klette (*Arctium lappa*)
- Brennesseltinktur (*Urtica dioica*)
- Löwenzahntinktur (*Taraxacum officinale*)
- Salbe aus Breitwegerich (*Plantago major*)
- Olivenöl (*Olea europaea*)

Windelekzem
- Creme aus Zink und Bibergeil
- Ringelblumensalbe (*Calendula officinalis*)

Ohrenschmerzen
- Hopfentinktur (*Humulus lupulus*)
- Johanniskrauttinktur (*Hypericum perforatum*)
- Orangenwurzeltinktur (*Hydrastis canadensis*)
- Tinktur aus Rotem Sonnenhut (*Echinacea purpurea*)
- Breitwegerichtinktur (*Plantago major*)

Schnupfen
- Ysoptee (*Hyssopus officinalis*)
- Ysoptinktur (*Hyssopus officinalis*)
- Orangenwurzeltinktur (*Hydrastis canadensis*)
- Knoblauchextrakt (*Allium sativum*)

Schlafstörungen
- Zitronenmelissetinktur (*Melissa officinalis*)
- Zitronenmelissetee (*Melissa officinalis*)
- Baldriantinktur (*Valeriana officinalis*)
- Hopfentinktur (*Humulus lupulus*)

Halsschmerzen
- Eibischtinktur (*Althaea officinalis*)
- Breitwegerichtinktur (*Plantago major*)
- Holundertinktur (*Sambucus nigra*)
- Tinktur aus Rotem Sonnenhut (*Echinacea purpurea*)

Zahnen
- Kamillentinktur (*Chamaemelum nobile*)
- Eibischsirup (*Althea officinalis*)

PFLANZENPRÄPARATE FÜR JUGENDLICHE UND ERWACHSENE

Prämenstruelles Syndrom (PMS)

Spannungsschmerzen gehören wahrscheinlich zu den häufigsten Beschwerden von Frauen, die an einer menstruellen Dysfunktion leiden. Nach Schätzungen sind bis zu 75 Prozent aller Frauen von prämenstruellen Angstzuständen betroffen. Andere Symptome sind etwa Heißhunger, Gewichtszunahme und Depressionen. Es gibt viele sichere, natürliche Methoden, PMS ohne gefährliche Nebenwirkungen wirksam zu bekämpfen.

Sehr verbreitet sind Angstzustände, die meist durch ein hormonelles Ungleichgewicht, etwa einen sehr hohen Östrogen- und niedrigen Progesteronspiegel, ausgelöst werden. Dadurch wird das Vitamin B_6 blockiert und die Serotoninproduktion in der Leber gehemmt – der Blutzuckerspiegel kann nicht mehr richtig reguliert werden. Schwankende Blutzuckerspiegel sind zum Teil Auslöser für Stimmungsschwankungen und Depressionen.

Pflanzliche Extrakte der Löwenzahnwurzel (*Taraxacum officinale*) enthalten den chemischen Wirkstoff Inulin (nicht mit dem Hormon Insulin zu verwechseln), der in Verbindung mit dem Spurenmineral Chrom schwankende Blutzuckerspiegel in der prämenstruellen Phase regulieren kann.

Etwa 30 Prozent der von PMS betroffenen Frauen leidet an Depressionen. Der Grund kann eine Störung der Gehirnchemie (etwa Serotonin) oder eine Dysfunktion anderer Stoffe im Gehirn sein.

Die genaue Ursache ist nicht bekannt, doch scheint eine Verbindung zum Östrogenspiegel zu bestehen. Mit einem Extrakt aus Johanniskraut (*Hypericum perforatum*) kann diese Form der Depression sehr wirksam behandelt werden. In einer Studie verbesserte sich der Zustand bei über 65 Prozent der Behandelten. Der Wirkstoff Hyperizin wurde in diesen Tests standardisiert.

Häufig nehmen Frauen über 1,5 kg Gewicht zu – meist durch verminderten Flüssigkeitsaustausch im Gewebe. Hierfür ist das Hormon Aldosteron verantwortlich, das in der prämenstruellen Phase auftritt, ebenfalls in Verbindung mit dem hohen Östrogenspiegel. Die Einnahme von Bärentraube (*Arctostaphylos uva-ursi*) ab dem Zeitpunkt des Eisprungs (der 14. Tag des Zyklus) fördert den Harnfluß und reguliert den Flüssigkeitsaustausch.

Bärentraube
(Arctostaphylos uva-ursi)

Natürliche Maßnahmen Achten Sie auf eine kohlenhydrathaltige Ernährung, etwa mit Nudeln, Kartoffeln und Reis, und reduzieren Sie die Aufnahme von tierischen Fetten. Essen Sie einfachere Speisen mit frischem Gemüse und Obst. Schinkenkrautöl enthält essentielle Fettsäuren, die bei schmerzhafter Menstruation helfen und den Hormonspiegel regulieren können. Empfohlen werden 500–1000 mg, die man vor dem Schlafengehen mit Wasser einnimmt. Substanzen wie der Extrakt aus Fieberklee *(Tanacetum parthenium)* können die Produktion von Prostaglandinen hemmen und dadurch ebenfalls für eine Linderung von Menstruationsbeschwerden sorgen.

Blasenkatarrh (Zystitis)

Viele Menschen erkranken an Blasenkatarrh. Auslöser ist in den meisten Fällen eine Infektion, die von der Vagina in die Blase gewandert ist. Oft kann sie nach dem Geschlechtsakt erneut aufflackern.

Bei Männern wandert die Infektion von der Harnröhre in die Blase, oder auch von der Prostata, die selbst von einer bakteriellen Infektion betroffen sein kann. Die häufigsten Symptome bei Männern und Frauen sind Schmerzen und Harndrang – das stetige Gefühl, Wasser lassen zu müssen. Als Indiz für die Schwere der Erkrankung kann sich Blut im Urin zeigen. Man sollte stets bedenken, daß die Infektion auch in die Nieren wandern kann und eine Niereninfektion umgehend medizinisch behandelt werden muß.

Dreistufige Behandlung von Blasenkatarrh

Die folgende Behandlungsmethode führt bei den meisten Menschen zu einer wirksamen Bekämpfung von Blasenkatarrh.

Stufe 1 Steigern Sie die Flüssigkeitsaufnahme. Die meisten Menschen trinken für die notwendige Hydratisierung zuwenig Wasser. Über Atem, Schweiß, Urin und Stuhl verlieren wir täglich etwa 1,5 l Wasser. Zum Ausgleich müssen wir die entsprechende Menge Flüssigkeit täglich zu uns nehmen. Hierbei sind Faktoren wie schweißtreibende Aktivitäten, Konstitutionstyp, Körpertemperatur, Nahrungsverbrauch, Streß und anderes mehr noch nicht berücksichtigt. Empfohlen werden durchschnittlich 2 l Wasser am Tag.

Stufe 2 Trinken Sie täglich etwa 500 ml ungesüßten Moosbeeren-Saft (*Vaccinium macrocarpon*), den Sie im Handel bekommen oder am besten selbst herstellen. Auch Moosbeeren-Pulver und -Kapseln sind erhältlich. Man nimmt morgens und abend 2 Teelöffel Pulver oder zweimal täglich zwei Kapseln ein. Wenn Sie keinen ungesüßten Moosbeeren-Saft bekommen, sollten Sie Kapseln oder Pulver bevorzugen. Die zusätzliche Einnahme von Zucker fördert nämlich die Vermehrung von Bakterien in der Blase.

Stufe 3 Verbessern Sie Ihren allgemeinen Gesundheitszustand und unterstützen Sie das Immunsystem. Die Einnahme des Extrakts aus Rotem Sonnenhut (*Echinacea purpurea*) erhöht die Tätigkeit der weißen Blutkörperchen und fördert die Immunreaktion. Nehmen Sie zweimal täglich 25–30 Tropfen des flüssigen Extrakts oder zweimal täglich 2 Kapseln ein.

Nervöse Darmreizungen

Man schätzt, daß es sich bei über der Hälfte aller Darmbeschwerden um nervöse Darmreizung handelt. Doch es gibt keine einfache Heilmethode. Vielmehr ist eine ganzheitliche Auffassung vonnöten, um eine individuelle Behandlung für den jeweiligen Patienten auszuarbeiten. Die Beschwerden der Betroffenen mögen zwar die gleichen sein, die auslösenden Faktoren können sich jedoch durchaus unterscheiden und von Lebensmittelunverträglichkeit bis zu Streß reichen.

Eine verbreitete Theorie geht von einer Störung des Nervensystems aus. Ein bestimmter Bereich des Nervensystems (das autonome Nervensystem) kontrolliert die inneren Abläufe in unserem Körper, etwa den Herzschlag, und spielt auch bei der Koordination der Verdauungsorgane eine wichtige Rolle.

Magen und Darm verdauen den ganzen Tag hindurch Nahrung, nehmen Wasser und Nährstoffe auf, töten eindringende Bakterien ab und sammeln Abfallprodukte. Diese Tätigkeit muß unbewußt kontrolliert werden, damit das Gehirn die Anforderungen des Alltags bewältigen kann.

In Zeiten von Streß aktiviert der Körper den Abwehrmechanismus beziehungsweise die Fluchtreaktion: Wir stellen uns biologisch darauf ein, entweder zu kämpfen oder bei Gefahr zu fliehen. In beiden Fällen wird Adrenalin freigesetzt und die Nervenaktivität stimuliert. Der Darm kann nicht auf normale Weise kontrahieren, und häufige Symptome sind Blähbauch, Schmerzen und Krämpfe, Müdigkeit, abwechselnde Verstopfungs- und Durchfallbeschwerden, Schleim im Stuhl, Blähungen und Brechreiz. Oft werden die Schmerzen durch Stuhlgang gelindert, während bestimmte Nahrungsmittel sie verstärken können.

Bei derartigen Darmbeschwerden ist es wichtig, fachkundigen Rat einzuholen, da sie auch auf andere Leiden hindeuten können, etwa Laktose-Intoleranz, Zöliakie, Darmdivertikel oder Darmkrebs. Zuerst müssen also andere Krankheiten ausgeschlossen werden, ehe man eine nervöse Darmreizung diagnostizieren kann.

Eine nervöse Darmreizung muß individuell behandelt werden, doch bringen gewisse Maßnahmen allgemeine Linderung.

Ballaststoffe Die zusätzliche Einnahme löslicher Ballaststoffe aus Gemüse, Obst, Haferkleie und Bohnen kann nützlich sein. Doch sollte dies vorsichtig geschehen, da der gereizte Darm meist hyperaktiv ist und nicht wie gewünscht auf die zusätzlichen Ballaststoffe reagieren kann.

Darmkolik Auftretende krampfartige Schmerzen können durch Pfefferminzölkapseln (*Mentha piperita*) gelindert werden. Pfefferminzöl hat eine entspannende Wirkung auf die Muskulatur der Darmwand. Dragierte Kapseln passieren den Magen unverdaut und lösen sich erst im Darm auf. In der Regel werden zwei oder drei Kapseln (jeweils 0,2 ml) zwischen den Mahlzeiten eingenommen.

Eine krampflösende Wirkung besitzen außerdem Baldrian (*Valeriana officinalis*), Rosmarin (*Rosmarinus officinalis*), Römische Kamille (*Chamaemelum nobile*) und Zitronenmelisse (*Melissa officinalis*).

Durchfall Wenn vor allem Durchfallbeschwerden auftreten, hat sich ein altes Präparat, die sogenannte Robert-Rezeptur, bewährt. In dieser Rezeptur werden Eibischwurzel (*Althaea officinalis*), Kohlextrakt (*Brassica oleracea*), Roter Sonnenhut (*Echinacea purpurea*), Orangenwurzel (*Hydrastis canadensis*), Okra (*Abelmoschus esculentus*) und Rotulme (*Ulmus rubra*) kombiniert. Dieses Präparat ist heute auch in Kapselform erhältlich. Zwischen den Mahlzeiten sollten ein oder zwei Kapseln eingenommen werden.

Brechreiz Betroffenen, die an Brechreiz leiden, kann die Einnahme von Ingwer (*Zingiber officinale*) helfen. Anhand von Studien wurde gezeigt, daß man Reiseübelkeit und Brechreiz mit Ingwer wirksam behandeln kann. Verwendet

Bestandteile der »Robert«-Rezeptur

Kohlextrakt
(*Brassica oleracea*) 100 mg
Eibischwurzeln
(*Althaea officinalis*) 100 mg
Okra
(*Abelmoschus esculentus*) 75 mg
Rotulme
(*Ulmus rubra*) 75 mg
Roter Sonnenhut
(*Echinacea purpurea*) 25 mg
Orangenwurzel
(*Hydrastis canadensis*) 25 mg

man Ingwer zum Kochen oder als ergänzendes Nahrungsmittel, wird der empfindliche Darm nicht gereizt. Ingwer kann auch auftretende Krämpfe lindern.

Psychologische Komponenten Auch die psychologische Komponente sollte nicht vergessen werden. Fast alle Betroffenen klagen über Müdigkeit, Angstzustände, Depressionen, Aggressionen oder Schlafstörungen. Diese Probleme sollten ernstgenommen und können bei richtiger Hilfe überwunden werden.

Häufige Beschwerden und Heilmittel auf einen Blick

Akne

- Tinktur aus Rotem Sonnenhut (*Echinacea purpurea*)
- Orangenwurzeltinktur (*Hydrastis canadensis*)
- Löwenzahntinktur (*Taraxacum officinale*)

Candidiasis *(Hefepilz-Infektion)*

- Orangenwurzeltinktur (*Hydrastis canadensis*)
- Tinktur aus Rotem Sonnenhut (*Echinacea purpurea*)
- Knoblauchextrakt (*Allium sativum*)

Chronische Müdigkeit

- Tinktur aus Rotem Sonnenhut (*Echinacea purpurea*)
- Orangenwurzeltinktur (*Hydrastis canadensis*)
- Wurzelextrakt aus Süßholz (*Glycyrrhiza glabra*)
- Ginsengextrakt (nur vorübergehend einnehmen) (*Panax ginseng*)

Hypertonie

- Knoblauchextrakt (*Allium sativum*)
- Beerenextrakt aus Weißdorn (*Crataegus oxyacantha*)
- Misteltinktur (*Viscum album*)

Entzündliche Darmerkrankungen

- Wurzelextrakt aus Eibisch (*Althaea officinalis*)
- Kohleextrakt (*Brassica oleracea*)
- Tinktur aus Rotem Sonnenhut (*Echinacea purpurea*)
- Orangenwurzeltinktur (*Hydrastis canadensis*)
- Rotulmenextrakt (*Ulmus rubra*)

Migräne

- Baldriantinktur (*Valeriana officinalis*)
- Tinktur aus Fieberklee (*Tanacetum parthenium*)

Fettleibigkeit

- Löwenzahntee (*Taraxacum officinale*)

Nebenhöhleninfektion

- Tinktur aus Rotem Sonnenhut (*Echinacea purpurea*)
- Orangenwurzeltinktur (*Hydrastis canadensis*)

Sportverletzungen

- Kurkumaextrakt (*Curcuma longa*)
- Salbe aus Zaubernuß (*Hamamelis virginiana*)

PFLANZENPRÄPARATE FÜR SCHWANGERE UND STILLENDE MÜTTER

ACHTUNG: In der Schwangerschaft keine Präparate einnehmen, ohne vorher ihren Arzt zu konsultieren.

Morgenübelkeit

Die auslösenden Faktoren für Morgenübelkeit sind immer noch ein Rätsel.

Tees aus Fenchel (*Foeniculum vulgare*), Pfefferminze (*Mentha piperita*) oder Ingwer (*Zingiber officinale*) können die Beschwerden lindern. Ein Tee aus Römischer Kamille *(Chamaemelum nobile)*, Zitronenmelisse (*Melissa officinalis*) oder Hopfen *(Humulus lupulus)* fördert einen erholsamen Schlaf. Zwar wurde behauptet, daß Ingwer in der Schwangerschaft möglicherweise giftig ist, doch wird die Ungefährlichkeit von Ingwertee stets bestätigt. Problematisch dagegen kann die Einnahme vieler konzentrierter Extrakte in Kapsel- oder Tablettenform sein.

Emotionale Probleme

In der Schwangerschaft kann es zu starken Stimmungs- und Gefühlsschwankungen kommen. Jetzt ist es wichtig, sich zu entspannen und zum Beispiel ein Bad mit ein paar Tropfen eines ätherischen Öls zu nehmen. Besonders entspannend sind Lavendel- *(Lavandula officinalis)* und Kamillenöl *(Chamaemelum nobile)*. Auch Rosmarintinktur *(Rosmarinus officinalis)* kann helfen.

Sodbrennen

Je größer das Baby wird, desto mehr Platz benötigt es im Unterbauch der Mutter. Der Magen wird nach oben gedrückt, und ab und zu kann etwas Mageninhalt in den unteren Teil der Speiseröhre gelangen und Sodbrennen auslösen. Eine abgestimmte Ernährung ist jetzt ebenso wichtig wie die Einnahme verdauungsfördernder Mittel, etwa Dill *(Anethum graveolens)* oder Kümmel *(Carum carvi)*. Diese kann man kauen oder als Tee zu oder nach den Mahlzeiten trinken. Die pulverisierte Rinde der Rotulme *(Ulmus rubra)* kann eine durch Magensäure verursachte Reizung lindern.

Krampfadern und Hämorrhoiden

Um sich vor diesen Beschwerden zu schützen, geben Sie täglich Knoblauch *(Allium sativum)* an die Mahlzeiten, da er die Durchblutung fördert. Ebenso hilft ein Tee aus Löwenzahn *(Taraxacum officinale)* oder Johanniskrautextrakten *(Hypericum perforatum)*, der zwei- oder dreimal täglich getrunken werden sollte.

Um die Gefäßwände zu kräftigen, eignet sich Tee aus frischem Ingwer *(Zingiber officinale)*. Bei gereizter Haut hift eine Kompresse aus Beinwell *(Symphytum officinale)*, Eibisch *(Althaea officinalis)* und Breitwegerich*(Plantago major)*. Für eine Intensivbehandlung von eventuell blutenden Hämorrhoiden sollten Sie eine Beinwellcreme direkt auftragen.

Milchbildung

Seit Jahrhunderten werden pflanzliche Präparate zur Förderung der Milchbildung eingesetzt. Aufgüsse aus Mariendistel *(Silybum marianum)*, Brennessel *(Urtica dioica)*, Bockshornklee *(Trigonella foenum-graecum)* und Hopfen *(Humulus lupulus)* können in der Stillzeit ohne Bedenken eingenommen werden. Diese Pflanzen wirken auch gegen Blähungen bei Ihrem Säugling.

Brustdrüsenentzündung (Mastitis)

Wird die Entzündung früh erkannt, kann sie mit Antibiotika behandelt werden. Bei Verdacht auf Mastitis, die Milch mit der Hand oder mit Hilfe einer Milchpumpe ablassen. Täglich 1–3 Eßlöffel Leinöl *(Linum usitatissimum)* einnehmen. Tritt nach 48 Stunden keine Besserung ein, einen Arzt aufsuchen.

Entzündete Brustwarzen

Die Anwendung einer Creme aus Beinwell *(Symphytum officinale)* stellen manche in Frage, die eine Vergiftung des Säuglings

In der Schwangerschaft meiden

Schafgarbe
(Achillea millefolium)
Engelwurz
(Angelica archangelica)
Römische Kamille
(Chamaemelum nobile)
Bleichsellerie
(Apium graveolens)
Bärentraube
(Arctostaphylos uva-ursi)
Arnika
(Arnica montana)
Wermut
(Artemisia absinthium)
Eberraute
(Artemisia abratanum)
Ringelblume
(Calendula officinalis)
Gotu kola
(Centella asiatica)
Silberkerze
(Cimicifuga racemosa)
Myrrhe
(Commiphora molmol)
Augentrost
(Euphrasia officinalis)
Fenchel
(Foeniculum vulgare)
Süßholz
(Glycyrrhiza glabra)
Orangenwurzel
(Hydrastis canadensis)
Ysop
(Hyssopus officinalis)
Wacholderbeeren
(Juniperus communis)
Teufelskralle
(Martynia annua)
Muskat
(Myristica fragrans)
Poleiminze
(Mentha pulegium)
Majoran
(Origanum majorana)
Petersilie
(Petroselinum crispum)
Kermesbeere
(Phytolacca americana)
Himbeerblätter
(Rubus idaeus)
Raute
(Ruta graveolens)
Salbei
(Salvia officinalis)
Muskatellersalbei
(Salvia sclarea)
Fieberklee
(Tanacetum parthenium)
Rainfarn
(Tanacetum vulgare)
Lebensbaum
(Thuja occidentalis)
Thymian
(Thymus vulgaris)
Eisenkraut
(Verbena officinalis)

befürchten. Allerdings wird Beinwell schon sehr lange ohne jegliche Nebenwirkungen eingesetzt und scheint ungefährlich zu sein. Wollen Sie dennoch darauf verzichten, eignet sich auch eine Creme aus Schafgarbe *(Achillea millefolium)*. In der Schwangerschaft Schafgarbe meiden.

PFLANZENPRÄPARATE BEI BESCHWERDEN IN DEN WECHSELJAHREN

In den Wechseljahren leiden bis zu 75 Prozent aller Frauen aufgrund des sinkenden Hormonspiegels an körperlichen Beschwerden. Bei den meisten treten die Symptome nur für einen kürzeren Zeitraum auf (zwei oder drei Jahre), bei anderen halten sie über fünf Jahre an und sind eine große Belastung.

Die Beschwerden treten in der Regel bei Frauen von etwa 50 Jahren auf, es sei denn, eine Operation (Gebärmutterentfernung) beschleunigt den Prozeß. In dieser Zeit wird die Menstruation meist unregelmäßig, bis sie ganz aufhört. Die Wechseljahre sind eine normale und natürliche Phase im Leben einer Frau und für viele der Beginn eines neuen Lebensabschnitts. Die Kinder sind erwachsen, und die Frau kann sich auf sich selbst konzentrieren – solange sie sich wohlfühlt!

Gefühle können sich wandeln, die Betroffene kann vergeßlicher werden. Die Schlafgewohnheiten können sich ändern, vor allem bei unangenehmen nächtlichen Schweißausbrüchen. Andere mögliche Symptome sind Hitzewallungen, Gelenksteifigkeit, trockene Vagina, sexuelles Desinteresse, Angstzustände, wiederholte Harnwegsinfektionen, Veränderung von Haar, Nägeln und Haut und gemindertes Selbstwertgefühl.

Viele der Beschwerden treten nur kurz auf, andere Symptome zeigen sich jedoch erst, nachdem es zu schweren Schädigungen gekommen ist. Dazu gehören Osteoporose und die Auswirkungen einer Herzerkrankung sowie erhöhte Cholesterinwerte.

Achten Sie in dieser Zeit besonders auf Ihre Ernährung und beschäftigen Sie sich eingehend mit einigen interessanten Pflanzenextrakten, die im Körper ähnlich wie Östrogene wirken. Nahrungsmittel mit hohem Gehalt an pflanzlichen Östrogenen sind etwa Soja, Fenchel *(Foeniculum vulgare)*, Bleichsellerie (*Apium graveolens*), Petersilie (*Petroselinum crispum*), Leinöl (*Linum usitatissimum*), Nüsse und Samen. Wegen ihrer Wirkung werden die Extrakte der Pflanzen oft bei sehr hohem Hormonspiegel (Prämenstruelles Syndrom) wie auch bei Beschwerden aufgrund einer Hormonstörung verschrieben.

Eine hohe Dosis Vitamin E und C kann von großer Hilfe sein. Vitamin E mindert bewiesenermaßen Hitzewallungen und Vaginabeschwerden. Viele Heilpflanzen wurden in der traditionellen Volksmedizin zur Stärkung des Uterus eingesetzt, um Beschwerden in den Wechseljahren zu lindern. Das beste Beispiel ist die Silberkerze *(Cimicifuga racemosa)*, doch Süßholz *(Glycyrrhiza glabra)*, Mönchspfeffer *(Vitex angus-castus)* und Ginseng *(Panax ginseng)* gelten ebenfalls als bewährte Mittel.

Süßholz (Glycyrrhiza glabra)

Bereits die Ureinwohner Amerikas nutzten die Silberkerze zur Linderung schmerzhafter Menstruationen und zur Linderung von Beschwerden in den Wechseljahren. In Studien wurde festgestellt, daß die Pflanze eine östrogenartige Wirkung hat, da sie den Hormonspiegel regulieren kann.

Die traditionelle Anwendung von Süßholz bei Frauenleiden wird inzwischen auch durch die Forschung gestützt, die eine leichte östrogenartige Wirkung bestätigen kann.

Panax ginseng (die als Ginseng bekannte Pflanze) galt früher als »Tonikum für Männer«, bis seine östrogenähnlichen Eigenschaften bekannt wurden. Seine Wirkung ist so stark, daß hohe Dosen des Extrakts zu Blutungen nach den Wechseljahren führen können. Wählen Sie eine der folgenden Rezepturen zur täglichen Einnahme als Teil eines natürlichen Behandlungsprogramms gegen Wechseljahr-Beschwerden.

Rezepturen für die Wechseljahre

Rezeptur 1

Süßholzextrakt
(Glycyrrhiza glabra) 25 mg
Silberkerze
(Cimicifuga racemosa) 25 mg
Mönchspfefferextrakt
(Vitex angus-castus) 25 mg
Fenchelsamenextrakt
(Foeniculum vulgare) 12 mg

Rezeptur 2

Vitamin E 150 IU
Leinöl (*Linum usitatissimum*) 300 mg
Gamma-oryzanol 100 mg

PFLANZENPRÄPARATE FÜR ÄLTERE MENSCHEN

Arthritis

Es gibt viele Formen von Arthritis. Einige davon führen zu starken Entzündungen und Gelenkdeformierungen, andere zu anhaltenden Schmerzen, Steifigkeit und leichteren Deformierungen. Am verbreitetsten ist die Osteoarthritis, ein Verfallsprozeß der Gelenke, bei dem die Gelenkoberfläche nicht mehr für die reibungsfreie Bewegung sorgen kann. Teile des Knorpels lösen sich an der Oberfläche auf, und an diesen Stellen schreitet die Auflösung immer weiter fort, bis ein großer Bereich betroffen ist. Äußere Anzeichen von Arthritis sind eine Verdickung des Gewebes sowie Knötchenbildung um das Gelenk herum.

Natürliche harntreibende Mittel können die Ausscheidung giftiger Substanzen wie Harnsäure unterstützen.

Kräutertee mit Goldrute

40 % Goldrute *(Solidago virgaurea)*
30 % Vogelknöterich *(Polygonum avicuralea)*
15 % Birke *(Betula alba)*
10 % Ackerschachtelhalm *(Equisetum arvense)*
5 % Stiefmütterchen *(Viola tricolor)*

Die folgenden zwei Rezepturen sind bei der Behandlung von Arthritis überaus effektiv und für die Nieren absolut ungefährlich. Sie können jede dieser beiden Rezepturen (Tinktur oder Extrakt) mit dem Kräutertee aus Goldrute kombinieren.

Rezepturen für Arthritis

Rezeptur 1 (Tinktur)

50 % Goldrute *(Solidago virguarea)*
14 % Fingerkraut *(Potentilla anserina)*
13 % Birke *(Betula alba)*
5 % Hauhechel *(Ononis spinosa)*
5 % Stiefmütterchen *(Viola tricolor)*
5 % Vogelknöterich *(Polygonum avicularea)*
4 % Ackerschachtelhalm *(Equisetum arvense)*
4 % Wacholderbeeren *(Juniperus communis)*

Rezeptur 2 (feste Extrakte)

Bärentraube *(Arctostaphylos Uva-ursi)* 100 mg
Buschklee *(Lespedeza capitatae)* 50 mg
Peumus boldus 50 mg
Goldrute *(Solidago virgaurea)* 50 mg

Als unterstützende Maßnahme zur Bekämpfung der Entzündung kann die Kombination von Tinkturen aus Heilpflanzen sehr wirksam sein.

Massagen der Muskulatur um das betroffene Gelenk, von qualifizierten Therapeuten durchgeführt, können überdies große Linderung bringen. Sie fördern die Durchblutung, unterstützen den Flüssigkeitsaustausch im Gewebe und stimulieren die Freisetzung heilender Substanzen. Auch die Aromatherapie kann von Nutzen sein: Zur Behandlung von Arthritis geeignete Öle sind etwa Eukalyptus *(Eucalyptus globulus)*, Ingwer *(Zingiber officinale)*, Lavendel *(Lavandula officinalis)* und Rosmarin *(Rosmarinus officinalis)*.

Eine Auswahl von Massageölen

Häufige Beschwerden und Heilmittel auf einen Blick

Ehe Sie eine Behandlung mit selbst zusammengestellten Kräutern in Betracht ziehen, sollten Sie auf jeden Fall einen Spezialisten aufsuchen.

Alzheimer-Krankheit
- Gingkotinktur oder -kapseln (*Ginkgo biloba*)

Angina
- Weißdorntinktur oder -kapseln (*Crataegus oxyacantha*)

Atherosklerose
- Knoblauchextrakt (*Allium sativum*)
- Luzernenextrakt (*Medicago sativa*)
- Ingwertinktur oder -kapseln (*Zingiber officinale*)

Bronchitis
- Süßholzextrakt (*Glycyrrhiza glabra*)
- Tinktur aus Rotem Sonnenhut (*Echinacea purpurea*)
- Knoblauchextrakt (*Allium sativum*)

Diabetes
- Extrakt aus Echter Aloe (*Aloe vera*)
- Heidelbeerextrakt (*Vaccinium myrtillus*)
- Extrakt aus Bockshornklee (*Trigonella foenum-graecum*)
- Knoblauchextrakt (*Allium sativum*)
- Gingkotinktur oder -kapseln (*Ginkgo biloba*)
- Tinktur aus Großer Klette (*Arctium lappa*)
- Löwenzahntinktur (*Taraxacum officinale*)
- Artischockentinktur (*Cynara scolymus*)

Grüner Star
- Gingkotinktur oder -kapseln (*Gingko biloba*)

Prostatabeschwerden
- Brennesseltinktur (*Urtica dioica*)

Krampfadern
- Heidelbeerextrakt (*Vaccinium myrtillus*)
- Gingkotinktur oder -kapseln (*Ginkgo biloba*)
- Roßkastanientinktur (*Aesculus hippocastanum*)
- Weißdorntinktur (*Crataegus oxyacantha*)

Kräutertinktur

15 % *Polygonum aviculare*
15 % Goldrute *(Solidago virgaurea)*
10 % Pestwurz *(Petasites officinale)*
10 % Fingerkraut *(Potentilla anserina)*
10 % Schafgarbe *(Achillea millefolium)*
10 % Birke *(Betula alba e folium)*
10 % Mistel *(Viscum album)*
10 % Ackerschachtelhalm *(Equisetum arvense)*
5 % *Colchicum autumnale*
5 % Pfefferminze *(Mentha piperita)*

PFLANZENPRÄPARATE BEI STRESS

Virusherpes und Lippenherpes

Lippenherpes ist ein eindeutiges Zeichen dafür, daß der Körper großem Streß ausgesetzt ist. Das Immunsystem wird beeinträchtigt und Krankheiten wie Virusherpes können zum Ausbruch kommen.

Die Wirksamkeit von Zitronenmelisse *(Melissa officinalis)* ist seit über 2000 Jahren bekannt. In den 60er Jahren unseres Jahrhunderts berichtete eine Anzahl von Studien von der virushemmenden Eigenschaft des getrockneten Extrakts. Damit eine Creme aus Zitronenmelisse hilft, sollte mit der Behandlung innerhalb von acht Stunden nach Auftreten der Symptome begonnen werden. Die Creme muß hochkonzentriert sein, das heißt einen Zitronenmelissenextrakt von 70:1 und 1 % Allantoin enthalten.

Häufige Beschwerden und Heilmittel auf einen Blick

ERSCHÖPFUNG
- Hafertinktur (*Avena sativa*)
- Ginsengextrakt (*Eleutherococcus senticosus*)

MÜDIGKEIT
- Ysoptinktur oder -tabletten (*Hyssopus officinalis*)
- Ginsengextrakt (*Eleutherococcus senticosus*)

KOPFSCHMERZEN
- Baldriantinktur (*Valeriana officinalis*)
- Pestwurzextrakt (*Petasites hybridus*)

BLUTHOCHDRUCK
- Misteltinktur (*Viscum album*)
- Knoblauchextrakt (*Allium sativum*)

SCHLAFLOSIGKEIT
- Passionsblumentinktur (*Passiflora incarnata*)
- Baldriantinktur oder -kapseln (*Valeriana officinalis*)

REIZBARKEIT
- Hafertinktur (*Avena sativa*)
- Zitronenmelissetinktur (*Melissa officinalis*)
- Hopfentinktur (*Humulus lupulus*)
- Baldriantinktur (*Valeriana officinalis*)
- Passionsblumentinktur (*Passiflora incarnata*)

MIGRÄNE
- Pestwurzextrakt (*Petasites hybridus*)
- Zitronenmelissetinktur (*Melissa officinalis*)

HERZKLOPFEN
- Weißdorntinktur (*Crataegus oxyacantha*)
- Passionsblumentinktur (*Passiflora incarnata*)

VERGESSLICHKEIT
- Gingkotinktur oder -kapseln (*Ginkgo biloba*)

PFLANZENPRÄPARATE BEI EMOTIONALEN PROBLEMEN

Johanniskraut (Hypericum perforatum)

Depressionen

Man vermutet, daß beinahe jeder vierte Mensch irgendwann in seinem Leben an einer Form von Depression leidet – wobei Frauen davon etwas häufiger betroffen sein können. Die mit Gemütsverfassungen und Stimmungsschwankungen verbundene Biochemie ist komplex, doch weiß man, daß Faktoren wie Ernährung und Umgebung bei der Gesundheit der Psyche eine wichtige Rolle spielen. Ein einzelner Auslöser konnte für Depressionen nicht festgestellt werden.

Eine Heilpflanze, die bei der Behandlung von Depressionen Erfolg verspricht, ist das Johanniskraut *(Hypericum perforatum)*. Die strauchartige Pflanze ist in Europa beheimatet und dient seit Jahrhunderten zu medizinischen Zwecken. In deutschen Studien wurde festgestellt, daß der in Johanniskraut enthaltene Wirkstoff Hyperizin die Gehirnchemie beeinflußt und die Stimmung hebt. Hyperizin scheint die Produktion von Dopaminen im Gehirn zu steigern, was der Wirkung vieler rezeptpflichtiger Medikamente bei Depressionen entspricht. Andere Studien haben gezeigt, daß der Standardauszug von Johanniskraut wirksamer ist als verschriebene Antidepressiva, etwa Amitriptyline, die schwere Nebenwirkungen haben können. Johanniskraut hat keine nennenswerten Nebenwirkungen. Die eingenommene Dosis von Johanniskraut betrug in diesen Studien 300 mg (mit einem Gehalt von 0,125 % Hyperizin). Johanniskrautpräparate sind als Kapseln (jeweils 300 mg mit 0,3 % Hyperizin) erhältlich. Es sollten täglich zwei oder drei Kapseln eingenommen werden.

Andere Heilpflanzen, die von Nutzen sein können, sind etwa Gingko *(Ginkgo biloba)* und der Sibirische Ginseng *(Eleutherococcus senticosus)*.

Häufige Beschwerden und Heilmittel auf einen Blick

Angstzustände

- Kawapfefferextrakt (*Piper methysticum*), nach Bedarf
- Ginsengextrakt (*Panax ginseng*), nach Bedarf

Panikanfälle

- Baldriankapseln (*Valeriana officinalis*), nach Bedarf

DIE HAUSAPOTHEKE

Wenn Sie in Ihrer Hausapotheke eine Auswahl pflanzlicher Präparate bereithalten, werden Sie sie auch häufiger verwenden als die mitunter gefährlicheren Pharmapräparate. In die Hausapotheke gehören u. a. Bandagen, Einreibemittel aus Arnika, Scheren, pflanzliche Cremes, ätherische Öle und Gels. Die folgende Liste nennt Ihnen die wichtigsten Präparate.

Wichtige Präparate für die Hausapotheke

Tinktur oder Kapseln von Rotem Sonnenhut (*Echinacea purpurea*)

Cremes mit Arnika (*Arnica montana*) und Beinwell (*Symphytum officinale*)

Arnikatinktur oder -tabletten

Ätherische Öle: Teebaum/Myrtenheide (*Melaleuca alternifolia*), Römische Kamille (*Chamaemelum nobile*) und Lavendel (*Lavandula officinalis*)

Ingwerkapseln oder -tabletten (*Zingiber officinale*)

Johanniskrautöl (*Hypericum perforatum*)

Gel aus Echter Aloe (*Aloe vera*)

KRÄUTER IM ALLTAGSSTRESS

Die meisten von uns führen ein hektisches Leben. So gern wir uns auch etwas mehr Zeit für die Dinge lassen würden, die täglichen Pflichten erlauben es nicht! Die Kräutermedizin kann jedoch dabei helfen, unsere Ausgeglichenheit zu bewahren.

Kräuter selbst zu ziehen, kann großes Vergnügen bereiten, doch die Herstellung von Kräuterpräparaten verlangt viel Zeit und Mühe, vor allem, wenn Sie einen Vorrat für die regelmäßige Verwendung benötigen. Auch wenn Sie keine Zeit haben, müssen Sie nicht auf Kräuter verzichten.

Darum ist die Verwendung fertiger Tinkturen und getrockneter Extrakte in Kapselform inzwischen eine beliebte Alternative zur eigenen Herstellung medizinischer Präparate geworden. Die im folgenden aufgelisteten fertigen Präparate sind weltweit als einfache Tinkturen oder kombiniert als Heilmittel erhältlich. Die meisten werden nach streng vorgeschriebenen Herstellungs-

verfahren mit Pflanzen aus organischem Anbau entwickelt. Dennoch sollten Sie das Etikett stets aufmerksam lesen. So wird die Einnahme pflanzlicher Präparate ohne die aufwendige Herstellung zu Hause gewährleistet.

EMPFOHLENE FERTIG-PRÄPARATE

Die aufgelisteten Präparate unterstützen oder stimulieren die genannten Funktionen oder Systeme. Bei den Vaginal-Beschwerden *(Candida albicans)* wird die Bekämpfung des Pilzbefalls angestrebt.

Blasentätigkeit

- Moosbeere *(Vaccinium macrocarpon)*
- Bärentraube *(Arctostaphylos uva-ursi)*

Darmtätigkeit

- Bockshornklee *(Trigonella foenum-graecum)*
- Ingwer *(Zingiber officinale)*
- Eibisch *(Althea officinalis)*
- Pfefferminze *(Mentha piperita)*

Gelenke

- Pestwurz *(Petasites hybridus)*
- Ackerschachtelhalm *(Equisetum arvense)*
- Pfefferminze *(Mentha piperita)*
- Schafgarbe *(Achillea millefolium)*

Gesunde Haut

- Römische Kamille *(Chamaemelum nobile)*
- Ackerschachtelhalm *(Equisetum arvense)*
- Rosmarin *(Rosmarinus officinalis)*
- Salbei *(Salvia officinalis)*

Herz und Kreislauf

- Cayennepfeffer *(Capsicum frutescens)*
- Knoblauch *(Allium sativum)*
- Ginkgo *(Ginkgo biloba)*

Hormonfunktion (weibliche Hormone)

- Fenchelsamen *(Foeniculum vulgare)*
- Süßholz *(Glycyrrhiza glabra)*

Immunsystem

- Roter Sonnenhut *(Echinacea purpurea)*
- Orangenwurzel *(Hydrastis canadensis)*

LEBERFUNKTION
- *Peumus boldus*
- Löwenzahn (*Taraxacum officinale*)
- Süßholz (*Glycyrrhiza glabra*)
- Pfefferminze (*Mentha piperita*)

LUNGENTÄTIGKEIT
- Bockshornklee (*Trigonella foenum-graecum*)
- Knoblauch (*Allium sativum*)
- Eibisch (*Althaea officinalis*)
- Thymian (*Thymus vulgaris*)

LYMPHATISCHES SYSTEM
- Orangenwurzel (*Hydrastis canadensis*)

NEBENNIERENFUNKTION
- Ginseng (*Panax ginseng*)
- Sibirischer Ginseng (*Eleutherococcus senticosus*)
- Süßholz (*Glycyrrhiza glabra*)

NIERENTÄTIGKEIT
- Bärentraubenextrakt (*Arctostaphylos uva-ursi*)
- Extrakt aus *Peumus boldus*
- Orangenwurzelextrakt (*Hydrastis canadensis*)
- Ackerschachtelhalm (*Equisetum arvense*)
- Wacholderbeeren (*Juniperus communis*)

NERVENSYSTEM
- Römische Kamille (*Chamaemelum nobile*)
- Hopfen (*Humulus lupulus*)
- Passionsblume (*Passiflora incarnata*)
- Baldrian (*Valeriana officinalis*)

PROSTATA- UND HORMONFUNKTION (MÄNNLICHE HORMONE)
- Ginkgo (*Ginkgo biloba*)
- Ginseng (*Panax ginseng*)

SEHKRAFT
- Heidelbeere (*Vaccinium myrtillus*)

VAGINAL-BESCHWERDEN
- Orangenwurzel (*Hydrastis canadensis*)
- Oregano (*Origanum vulgare*)
- Pfefferminze (*Mentha piperita*)
- Thymian (*Thymus vulgaris*)

GLOSSAR

Abführmittel – fördert die Darmentleerung

Addison-Krankheit – Erkrankung aufgrund einer Unterfunktion der Nebennieren

Adrenalin – Hormon, das von den Nebennieren produziert und bei körperlichem und seelischem Streß abgegeben wird; es leitet verschiedene Reaktionen ein, unter anderem einen erhöhten Herzschlag

Adstringierendes Mittel – gewebeverfestigende Substanz

Ätherisch – Eigenschaft von Stoffen, die sich an der Luft schnell verflüchtigen

Ätherische Öle – Grundlage der Aromatherapie; hocharomatische und flüchtige Öle, die durch Extraktion, meist Destillation, aus Pflanzen gewonnen werden.

Analgetikum – schmerzlinderndes Mittel

Anämie – Mangel an Hämoglobin im Blut

Antiallergikum – wirkt gegen allergische Reaktionen

Antibiotikum – antibakterielles Mittel, verhindert das Wachstum von Bakterien

Antidepressivum – hilft bei Depressionen

Antiseptikum – verhindert das Wachstum von Bakterien

Antispasmodikum – lindert Muskelkrämpfe

Aphrodisiakum – steigert das sexuelle Verlangen

Aromatherapie – therapeutische Anwendung ätherischer Öle, meist durch Massage

Arthritis – Gelenkentzündung

Bakteriostatikum – zerstört krankheitserregende Mikroorganismen

Bakteriostatisches Mittel – verhindert das Wachstum von Bakterien

Bakterizid – verhindert die Bildung von Bakterien

Bittermittel – Kräuter und Pflanzen mit bitterem Geschmack, die den Appetit anregen und die Verdauung fördern

Blasenkatarrh (Zystitis) – Blasenentzündung

Brustdrüsenentzündung (Mastitis) – akute Entzündung der Brüste

Cholagogum – regt den Gallenabfluß an

Dekongestionsmittel – unterstützt die Bekämpfung von Schnupfen

Diaphoretikum – schweißtreibendes Mittel

Diuretikum – harntreibendes Mittel

Dyspepsie – Verdauungsstörung

Elixier – Tinktur mit Zucker oder Sirup

Flavonoid – die Substanz ist für gelbe und orange Farbstoffe in Kräutern, Obst und Gemüse verantwortlich

Ganzheitsauffassung – therapeutische Herangehensweise, die Körper und Geist des Patienten als Einheit begreift

Histamin – die Substanz wird bei allergischen Reaktionen freigesetzt

Hydration – Bindung von Wasser

Karminativum – lindert Blähungen und beruhigt das Verdauungssystem

Kolik – krampfartige Schmerzen im Unterbauch und Darm

Kongestion – arterielle Blutüberfüllung auf Entzündungsreize hin

Kortisonähnliche Wirkung – bekämpft Entzündungen

Menstruationsförderndes Mittel (Emmenagogum) – führt die Menstruation herbei

Milchbildung – Absonderung von Muttermilch

Nebennieren – Drüsen, die direkt über den Nieren sitzen

Nerventonikum – beruhigt die Nerven

Neuralgie – akuter Nervenschmerz

Osteoporose – Abbau von Knochengewebe

Pflanzenschleim – zähflüssiger Schleim, der eine schützende Schicht zwischen Schleimhaut und Haut bildet

Phlegma – Schleim, der von den Atemwegen abgegeben wird

Rehydration – Wiederauffüllen des fehlenden Wasservolumens im Körper

Rhizom – unterirdischer Pflanzensproß, der im Winter als Nahrungsspeicher dient

Saponin – Substanz, die in Verbindung mit Wasser seifigen Schaum bildet; ist in zahlreichen Pflanzen enthalten und besitzt vielfältige therapeutische Wirkungen

Scheidenspülung – Spülung der Vagina

Schleimlösendes Mittel – fördert das Ausstoßen von Schleim und lindert die Kongestion im Verdauungstrakt

Sedativum – Beruhigungsmittel, das Streß lindert und den Schlaf fördert

Serotonin – Hormon, das von der Hypophyse (Hirnanhangsdrüse) freigesetzt wird

Tonikum – pflanzliches Stärkungsmittel, das Organe, Systeme oder den ganzen Körper kräftigt und belebt

NÜTZLICHE ADRESSEN

Organisationen

Hufeland-Gesellschaft für Gesamtheitsmedizin
Ortenaustr. 10
76199 Karlsruhe
Tel.: 0049/(0)721/88 62 76

Zentralverband der Ärzte für Naturheilverfahren e.V.
Alfredstr. 21
72250 Freudenstadt
Tel.: 0049/(0)7441/21 51

Bundesverband Patienten für Homöopathie
Lange Str. 47
37181 Hardegsen
Tel.: 0049/(0)5505/10 70

Kneipp-Bund
Adolf-Scholz-Allee 6–8
86825 Bad Wörishofen
Tel.: 0049/(0)8247/90 110

Bezugsquellen

Deutschland
Ceres Heilmittel GmbH
Schloß Türnich
50169 Kerpen
Tel.: 0049/(0)2237/97 33 520

Kernhäuschen
Papenhausenstr. 2a
58706 Menden
Tel.: 0049/(0)2373/12 727

Amazonas Naturprodukte GmbH
Kolpingstr. 15
68723 Schwetzingen
Tel.: 0049/(0)6202/31 88

Schweiz
Kräuterpfarrer Künzle AG
PF 1472, Via R.Simen 29
CH–6648 Minusio/TI
Tel.: 0041/(0)91/74 34 717

Weleda AG
Stollenrain 11
CH–4144 Arlesheim
Tel.: 0041/(0)61/70 52 121

Österreich
Naturhaus Dursten-Peham KEG
Samtgasse 5
A–4240 Freistadt
Tel.: 0043/(0)7942/77 900

Weleda GmbH&CoKG
Gauermanngasse 2–4
A–1010 Wien
Tel.: 0043/(0)1/58 78 759

Informationen und Schulungen

Deutschland
Union Deutscher Heilpraktiker e.V.
61137 Schöneck
Tel.: 0049/(0)6187/84 28

Deutsche Gesellschaft für Ernährung e.V.
Im Vogelsgesang 40
60488 Frankfurt/Main
Tel.: 0049/(0)69/97 68 03 0

Deutscher Allergie- und Asthmabund e.V
Lacombletstr. 9
40239 Düsseldorf
Tel.: 0049/(0)211/62 25 98

Gesellschaft für Arzneipflanzenforschung e.V.
c/o Institut für pharmazeutische Biologie der Universität Regensburg
Universitätsstr. 31
93053 Regensburg
Tel.: 0049/(0)941/94 301

Gesellschaft für Phytotherapie
Siebengebirgsallee 24
50939 Köln
Tel.: 0049/(0)221/42 01 915

Forum Essenzia
Gemeinnütziger Verein für Förderung, Schutz und Verbreitung der Aromatherapie und Aromapflege
Mäuselweg 29
81375 München
Tel.: 0049/(0)89/71 45 391

Schweiz

Gesellschaft Schweizer Naturärzte
Bruggereckstr. 16
CH–9100 Herisau
Tel.: 0041/(0)71/35 25 880

Kneipp-Verband
Weißensteinstr. 35
CH–3007 Bern
Tel.: 0041/(0)31/37 24 543

Österreich

Gesellschaft für ganzheitliche Medizin
Filgnerstr. 3/3b
A–1150 Wien
Tel.: 0043/(0)19/82 57 60

Kneipp-Verband
Kunigundenweg 10
A–8700 Leoben
Tel.: 0043/(0)38/42 21 68 20

REGISTER

Fettgedrucktes verweist auf eine Zusammenfassung der Behandlungsmethoden.